성냥과 버섯구름

우리가 몰랐던 일상의 세계사

성냥과 버섯구름

우리가 몰랐던 일상의 세계사

오애리·구정은 지음

학고재

차례

III 알고 보면 더 흥미진진한 세계

I

미처 몰랐던 물건들의 이야기

1 2,000년 전 바그다드에 배터리가 있었다고?

#배터리 #전기 #벤저민프랭클린 #건전지
#노벨화학상 #스마트폰 #전기자동차

1936년, 이라크 바그다드 인근 쿠주트 라부Khujut Rabu에서 고대 유물로 보이는 질항아리가 발굴됐다. 쿠주트 라부는 기원전 150년부터 70여 년간 존속한 페르시아 파르티아Parthia 왕조와, 그 뒤를 이어 400년 넘게 페르시아를 지배한 사산Sasan 왕조의 수도 크테시폰Ctesiphon과 가까워 고고학적으로 매우 중요한 곳이다.

약 2,000년 전에 만든 것으로 추정된 질항아리는 높이 약 13센티미터로 평범한 모양이었다. 문제는 항아리에 들어 있는 심상치 않은 물건들. 안에는 철로 만든 봉이 있고, 얇은 구리판이 그 주위를 돌돌 감고 있었다. 원통 바닥과 윗부분에는 역청을 발랐고, 가장자리에는 납땜 흔적도 보였다. 특히 철봉이 부분적으로 녹아 있어 항아리에 와인이나 식초 같은 산성 물질이 담겨 있었을 것으로 추정됐다.

어디에 쓰는 항아리인고?

이 항아리에 정신이 팔린 남자가 있었다. 오스트리아 출신 고고학자이자 화가인 빌헬름 쾨니히Wilhelm König였다. 1931년부터 바그다드 국립박물관에서 일한 쾨니히는 고대 이라크의 은銀 유물에 관심도 많고 아는 것도 많았는데, 은 유물에 아주 얇은 금판이 덧씌워진 것을 보고 의문을 느낀 터였다.

쾨니히는 1938년 발표한 논문에서 고대 이라크인들이 전류를 이용하는 도금 기술을 썼다는 가설을 제기하면서, 증거로 2년 전 쿠주트 라부에서 발굴된 질항아리를 지목했다. 항아리에 담은 산성 물질이 전해질 역할을 하고 구리와 철봉이 양극과 음극 역할을 해 전기를 만들어냈을 것으로 추정한다는 것이었다.

이라크에서 발굴된 '바그다드 배터리'의 모형. 질항아리 안에 구리판으로 감긴 쇠막대가 들어 있다. 바그다드 국립박물관이 소장했던 이 유물은 안타깝게도 미국의 이라크 침공 뒤 약탈당해 사라졌다.

역청

구리 원통

쇠막대

산성 액체

항아리

전해질과 양극, 음극은 배터리의 기본 구성 요소다. 쾨니히는 이 항아리를 '바그다드 배터리Baghdad Battery'로 명명하고, 도금용으로 사용했을 가능성이 있다고 주장했다.[1] 배터리는 1800년 이탈리아 과학자 알레산드로 볼타Alessandro Volta가 처음 만들었다는 것이 정설이다. 쾨니히의 주장이 사실이라면 무려 2,000년 전에 인간이 마음대로 전기를 만들어 쓰는 일종의 배터리를 만들어냈다는 이야기가 된다. 하지만 고대 중동 지역에 배터리는 물론 도금 기술이 존재했음을 입증하는 기록이나 유물이 발견된 적이 없다는 이유로 학계는 쾨니히의 주장을 인정하지 않았다.

바그다드 배터리가 도금용이 아니라면 과연 어떤 용도로 쓰인 걸까? 일부 학자는 의료용 전기충격기 설을 제기한다. 전기를 이용해 통증을 치료하는 데 썼다는 것이다. 고대 그리스인과 이집트인은 전기의 존재를 이미 알았던 것으로 보인다. 기원전 2500년경 이집트 제5왕조 때의 돌판에는 전기 장어를 이용하는 통증 치료법이 새겨져 있다. 호박 등을 천으로 문지르면 정전기가 생긴다는 고대 그리스 기록도 있다. 로마 황제 클라우디우스Claudius의 주치의 스크리보니우스 라르구스Scribonius Largus[2]가 전기 장어 등으로 황제의 두통을 치료했다는 이야기도 전한다. 그리스 의사 페다니우스 디오스코리데스Pedanius Dioscorides가 탈장 치료에 전기 장어의 유용성을 제시했다는 기록도 있다.

바그다드 배터리는 오래도록 꾸준히 호기심의 대상이 됐다. 연구자들이 바그다드 배터리와 유사한 모형을 만들어 실제로 전기를 만들어내는 실험에 성공하기도 했다. 쾨니히의 주장이 설득력을 얻게

된 것이다. 제2차 세계대전 직후 미국 매사추세츠주 피츠필드의 제너럴 일렉트릭 하이볼티지 연구소General Electric High Voltage Laboratory에서는 윌러드 그레이Willard Gray가 쾨니히의 논문을 근거로 바그다드 배터리를 만들어 전기 0.5볼트를 생산해내는 데 성공했다.[3]

1980년 영국 BBC의《아서 C. 클라크의 신비한 세계Arthur C. Clarke's Mysterious World》에 출연한 독일의 이집트학 학자 아르네 에거브레히트 Arne Eggebrecht는 자몽 주스를 채운 항아리로 약 0.5볼트의 전기를 만들어, 두 시간여에 걸쳐 은 조각상에 도금을 해보이기도 했다. 2005년 디스커버리 채널의《미스버스터스MythBusters》도 구리와 철심 그리고 레몬 주스를 넣은 질항아리 열 개를 연결해 전기 4볼트를 생산해냈다. 작은 동전을 도금하고 전기충격 치료도 할 수 있는 양이었다.

이처럼 바그다드 배터리를 둘러싼 여러 연구에도 불구하고, 이것이 과연 도금이나 치료용 전기를 만들어내는 기구였는지는 여전히 미스터리다. 게다가 이라크 국립박물관이 소장했던 바그다드 배터리가 수많은 유물과 함께 약탈당하면서 안타깝게도 후속 연구가 불가능한 상황이 되고 말았다. 2003년 3월 10일, 미국이 이라크를 침공하기 열흘 전 이라크 국립박물관의 비밀 수장고에서 유물 1만 5,000여 점이 감쪽같이 사라지는 사건이 발생했다. 바그다드 배터리도 사라진 유물 중 하나였다. 전쟁이 임박하면서 유물들을 전시실이 아닌 비밀 장소로 옮겨둔 상황이었지만, 이후 누군가의 소행으로 약탈당하고 만 것이다.

다행스럽게도 2004년 관계자들의 노력 덕분에 사라진 유물 3,037점이 발견됐고, 이듬해에는 추가로 2,307점이 박물관으로 되돌아왔다. 2012년에는 독일 정부가 이라크 국립박물관의 소장품이었던 것으로 확인된 유물 45점을 이라크 정부에 돌려줬다. 2015년 2월 이라크 국립박물관은 다시 문을 열었다. 하지만 여전히 유물 수천여 점이 실종 상태다. 바그다드 배터리의 행방 역시 오리무중이다.[4]

'전지의 아버지' 볼타

18세기, 배터리는 본격적으로 발전했다. 전기에 대한 관심이 워낙 높아 당시 유럽에서는 마찰전기 등을 이용한 전기 실험이 매우 인기 있는 볼거리였다. 에발트 게오르크 폰 클라이스트Ewald Georg von Kleist 역시 전기에 관심이 많은 과학자였다.

1700년 독일 포메라니아에서 태어나 라이덴대학에서 과학을 공부한 폰 클라이스트는 언제 어디서든 필요할 때 전기를 생산해낼 수 없을까 고민했다. 그 결과 그는 작은 유리병에 물을 조금 채워 코르크 마개로 막고 이 마개에 철사나 못을 꽂아 물에 닿게 한 다음, 밖으로 노출된 철사의 한쪽 끝을 정전기를 일으키는 마찰 기구에 접촉시켜 전기를 만들어내는 방법을 고안해냈다.

이 아이디어를 토대로 네덜란드 라이덴의 과학자 피터르 판 뮈스헨브룩Pieter van Musschenbroek이 1745년 한 걸음 더 나아갔다. 전기를 만들어 유리병 안에 축적했다가 의도대로 방전시키는 '라이덴 병Leyden Jar'을 세상에 내놓은 것이다. 병에 축적되는 전기는 최대 3만 3,000볼트나 됐다. 병 안에서 위쪽으로 연결된 금속 막대가 물체에 닿으면

방전되는 원리였다.

미국에서도 전기 실험에 대한 열정이 꿈틀대고 있었다. 건국의 아버지인 벤저민 프랭클린Benjamin Franklin은 비가 오던 어느 날, 쇠로 만든 열쇠를 연에 매달아 하늘 높이 띄워 올려서는 번개가 치는 순간 전기가 발생하는 실험을 했다. 번개가 곧 전기 현상이라는 것을 입증해낸 유명한 실험이다. 그는 1750년 『전기에 대한 실험과 관찰Experiments and Observations on Electricity』이란 책으로 연구 결과를 발표했다.

전기 용어 중에는 프랭클린이 처음 사용한 것이 많은데, 대표적인 게 바로 '배터리'다. 배터리는 원래 '포대'란 뜻의 군사 용어다. 프랭클린은 전기 실험을 하면서, 라이덴 병을 여러 개 연결해 정전기를 더 많이 모을

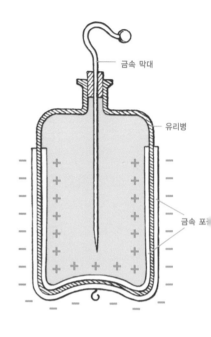

금속 막대

유리병

금속 포?

유리병의 안쪽과 바깥쪽에 전극을 설치해 정전기를 일으킨 뒤 저장할 수 있게 한 라이덴 병의 원리.

벤저민 프랭클린은 라이덴 병 여러 개를 연결해 전기를 더 많이 모으는 실험을 했다. 그는 미국 독립선언문을 작성한 정치인이자 피뢰침을 발명하고 번개 방전 현상을 증명한 과학자였다.

수 있는 장치를 '배터리'라고 불렀다.

　오늘날과 비슷한 형태의 배터리를 만든 사람은 이탈리아 출신의 스위스 파비아대학교 교수 볼타다. 그는 1786년 이탈리아 동물학자 루이지 갈바니Luigi Galvani가 발견한 '동물전기'에서 큰 영향을 받았다. 갈바니는 죽은 개구리의 발 근육에 금속을 갖다 대면 개구리 발이 경련을 일으키면서 움찔거린다는 것을 알아냈다. 그런데 볼타는 동물전기에 의문을 품었다. 같은 종류의 금속끼리는 이런 현상이 일어나지 않았던 것이다. 결국 볼타는 전기의 근원이 생물에 있는 것이 아니고 종류가 다른 두 금속이 접촉할 때 일어난다는 사실을 알아냈다.

　1799년에 그는 아연판과 구리판을 산성 용액에 담그고, 잠기지 않은 두 끝을 연결하면 회로가 생겨 전기가 계속 흐른다는 사실을 발견했다. 그리고 그 원리를 이용해 최초의 화학전지를 발명했다. 단발적인 전기 방전을 만드는 데 그친 라이덴 병과 달리 전기가 계속해서 흐르는, 진정한 의미의 '배터리'였던 것이다. 볼타는 1801년 파리로 가 나폴레옹 황제 앞에서 실험을 재현했고, 배터리를 발명한 과학적 공헌을 인정받아 1810년 백작 작위까지 받았다.

　그러나 볼타 전지는 한계가 있었다. 무엇보다 지속력이 너무 짧은 것이 치명적이었다. 습식 전지라는 점도 불편했다. 건전지dry-cell는 1868년 프랑스의 과학자인 조르주 르클랑셰Georges Leclanché가 발명했다. 그가 만든 건전지는 아연으로 원통을 만들고 한가운데 탄소봉을 넣은 다음, 탄소봉과 아연 원통 사이에 이산화망간과 염화암모늄 수용액 그리고 탄소 가루를 섞은 반죽을 채우는 방식이었다. 탄소봉이 양극, 아연 원통이 음극으로 작용하는 것이다.

오늘날과 같은 알칼리 전지는 1950년대 캐나다 학자 루이스 어리Lewis Urry가 만들었고, 1970년 니켈 전지에 이어 1980년대 중반에는 리튬 이온 전지가 세상에 나왔다. 일본 아사히 케미컬의 요시노 아키라吉野彰와 존 구디너프John Goodenough, 스탠리 휘팅엄Stanley Whittingham은 리튬 이온 배터리 발명의 공을 인정받아 2019년에 노벨 화학상을 수상했다. 노벨위원회는 "세 사람의 공로로 오늘날 휴대폰부터 노트북, 전기차에 이르기까지 수많은 제품에 가볍고 재충전이 되면서 오래가는 배터리가 쓰이게 됐다"고 치하했다.[5]

휴대전화와 노트북은 물론 전기 자동차와 선박에 이르기까지, 배터리는 우리의 일상생활과 떼려야 뗄 수 없는 필수품이 된 지 오래다. 특히 기후변화 문제가 갈수록 심각해지면서 친환경 배터리 개발과 수요가 급증하는 추세다.

2021년 2월 호주 신재생에너지기금CEP, Clean Energy Partnership은 뉴사우스웨일스 헌터에 1.2기가와트급 배터리 시설을 건설하는 프로젝트를 시작한다고 공식 발표했다. CEP에 따르면 이 프로젝트는 호주 전역에 들어설 네 개의 초대형 친환경 배터리 건설 계획의 일부로, 배터리 네 개의 총 용량이 최소 2기가와트에 이를 것으로 예상하고 있다. 세계 최대 규모다. 지금까지 세계 최대 배터리는 미국 비스트라 에너지가 캘리포니아에 세운 3,000메가와트급 배터리였다. 이런 초대형 배터리는 태양광 등으로 생산한 에너지를 저장했다가 전력망에 공급하는 역할을 할 것이라고 한다.[6]

2 못,
인류 문명의 가장 작은 부품

#리벳 #에펠탑 #금문교 #자유의여신상 #나사
#아르키메데스 #무령왕릉

프랑스 파리의 에펠 탑은 세계에서 가장 유명한 철 구조물이다. 이 탑을 건축한 알렉상드르 귀스타브 에펠Alexandre Gustave Eiffel의 이름을 따 '에펠 탑'으로 불리지만, 구체적으로 탑의 구조 방식을 구상한 사람은 에펠의 협력자였던 건축가 겸 엔지니어 에밀 누기에Émile Nouguier와 구조 엔지니어 모리스 쾨클랭Maurice Koechlin이었다.

이미 프랑스 곳곳에 철교를 세우고 미국 자유의여신상의 철골 구조를 설계해 '강철의 마술사'로 불리던 에펠도 처음에는 오로지 철근만으로 거대한 탑을 세우는 아이디어에 회의적이었다고 한다. 에펠 탑은 콘크리트 기초에 철각 네 개를 세우고 그 위에 철탑을 얹은 구조다. 자재 무게만 약 8,000톤, 본체에 사용된 연철만 7,000톤이다. 철 부품 약 1만 2,000개는 파리 북서부 외곽 르발루아페레의 공장에서 만들고 건축 현장인 파리 마르스 광장으로 옮겨 조립했다. 인부 약

300여 명이 26개월 동안 작업한 에펠 탑은 1889년 파리 만국박람회에서 302미터 높이의 위용을 드러냈고, 이후 1957년 텔레비전 송전탑과 안테나를 더해 320미터로 증축되었다.

오늘날까지 파리의 상징으로 사랑받는 에펠 탑에서 가장 작은 부품은 바로 못의 일종인 '리벳'이다. 철판 두 개에 구멍을 뚫어 금속 못을 넣은 다음 지름이 작은 쪽을 망치로 쳐 하나로 연결하는 방법 자체를 리벳이라 부르기도 한다. 홈이 파인 볼트와 너트로 철판을 연결하는 것보다 무게가 덜 나가는 데다 단단하게 연결되고 작업 시간이 덜 걸리는 것이 리벳의 장점이다.

에펠 탑에 들어간 리벳은 약 250만 개. 이 작은 리벳들 덕분에 파리의 상징 에펠 탑이 오랜 세월 동안 세계인의 사랑을 받고 있는 것이다. 참고로 미국 샌프란시스코의 명물 금문교에는 리벳 120만 개가 사용됐다고 한다. 호주 시드니 하버 브리지에는 600만 개, 침몰한 타이태닉호를 조립하는 데는 300만 개가 쓰였다.

안쪽에서 본 에펠 탑. 철판과 철판을 연결하는 작은 부품이 못의 일종인 리벳이다.

흙으로 만든 5,000년 전의 못

인류 문명을 지탱하는 가장 작은 부품 못은 언제 어떻게 발명됐을까?

미국 하버드대학교 박물관에는 약 5,000년 전 메소포타미아문명기의 것으로 추정되는 점토 못이 있다. 메소포타미아는 고대 그리스어로 '두 강 사이의 땅'이란 뜻으로, 오늘날 이라크의 티그리스강과 유프라테스강 사이의 좁고 긴 땅을 가리킨다. 기원전 4000년쯤 수메르인이 이 땅의 하류 지역에 도시 국가를 세우고 문명을 일궜다. '수메르'란 단어도 '두 강 사이의 낮은 땅'을 의미한다고 한다.

수메르 사람들은 크고 작은 신전을 세워 신을 기렸는데, 특이하게도 지금의 못과 비슷하게 생긴 점토 못을 만들어 신전을 치장했다. 하버드대학교 박물관이 소장한 점토 못도 기원전 2400년쯤 수메르의 라가시Lagash 왕국을 통치하던 엔메테나Enmetena 국왕의 명령으로 신전을 건축하는 데 쓰인 것으로 추정한다.

점토 못은 오늘날의 작고 가는 쇠못과 달리 흙으로 빚어 구워 크기가 크고, 굵은 몸통에는 쐐기문자가 새겨져 있다. 내용은 "엔메테나 국왕의 명령을 받아 신전의 기초로 이 못을 제작했다"는 것이다.[1] 수메르인들은 점토를 구워 만든 이런 못을 흙덩어리에 박아 바닥과 벽을 쌓고, 머리에 색을 칠한 못으로 문양을 만들어 벽을 장식하기도 했다. 미국 시카고대학교 박물관이 1938년 한 골동품상에게 구매한 점토 못은 머리의 직경이 18.7센티미터, 몸체 길이는 11센티미터다. 못의 머리와 몸체에는 역시 쐐기문자가 새겨져 있는데, 학자들이 해석한 결과 메소포타미아문명의 최전성기인 기원전 18세기경 바빌로니아Babylonia 왕국의 함무라비Hammurabi 왕 때 만든 것으로 밝혀졌다.[2]

청동 등 금속으로 된 못은 고대 이집트에서 처음 만들었다고 한다. 1995년 미국 브리검영대학교의 고고학자 윌프레드 그리그즈Wilfred Griggs 교수 연구팀은 캘리포니아주 새너제이 소재 로지쿠르시안 이집트 박물관The Rosicrucian Egyptian Museum에 소장된 이집트 남성 미라를 엑스레이로 살펴보고 깜짝 놀랐다. 약 3,000년 전인 기원전 1000년대쯤 사망한 남성의 왼쪽 넓적다리뼈와 종아리뼈의 연결 부위에, 몸체에 홈이 파인 약 23센티미터 길이의 금속 못(핀)이 박혀 있었던 것이다.

당초 연구팀은 미라가 도굴된 이후 밀매되는 과정에서 다리뼈가 부러지며 손상됐고, 밀매꾼들이 이를 '수리'하기 위해 기술자를 동원해 뼈에 못을 박았을 거라고 생각했다. 연구팀은 박물관 측의 허가를 받아 미라를 감싼 천을 벗겨내고 다리 접합 부분을 세밀히 조사했다. 그 결과 못이 고대 이집트 시대의 것이란 사실을 밝혀냈다.

연구팀은 귀족으로 추정되는 이 남성을 미라로 만드는 과정에서 기술자들이 나사못 시술을 했을 가능성을 제기했다. 즉 고인이 내세에서 건강한 몸으로 살아가도록 부러진 다리를 못으로 연결했다는 것이다. 비록 오늘날과 같은 정형외과 수술은 아니지만, 고대 이집트인들이 나사못을 사용해 부러진 뼈를 연결한다는 개념을 이미 3,000년 전에 가지고 있었다는 사실이 확인된 셈이다.[3]

못은 성서에도 등장한다. 『구약』에는 "다윗이 명령하여 이스라엘 땅에 거류하는 이방 사람을 모으고 석수를 시켜 하나님의 성전을 건축할 돌을 다듬게 하고, 다윗이 또 문짝 못과 거멀못에 쓸 철을 많이 준비하고 또 무게를 달 수 없을 만큼 심히 많은 놋을 준비하고, 또 백향목을 무수히 준비하였으니 이는 시돈 사람과 두로 사람이 백향목을 다윗에게로 많이 수운하여 왔음이라"는 구절이 있다.[4]

예수가 십자가에 못 박혔듯이, 로마인들은 죄수를 처형하는 데도 쇠못을 썼다. 86~87년쯤 영국을 침공한 로마인들의 요새 유적지에서는 쇠못이 무려 7톤이나 발굴되기도 했다.

우리나라 못의 역사도 최소 2,000여 년 전으로 거슬러 올라간다. 기원전 1세기 후반인 원삼국 초기의 경상남도 창원시 동면 다호리고분 제1호분 목관 밑에서 나무칼 한 자루가 발굴됐다. 이 칼을 엑스선으로 촬영해보니 칼 손잡이에 7~8밀리미터 길이의 청동 장식 못이 박혀 있었다.

501~523년 재위한 백제 무령왕의 능에서는 세 종류의 관못이 나왔다. 꽃, 동그라미, 네모 등으로 머리 모양이 제각각인 8센티미터 길

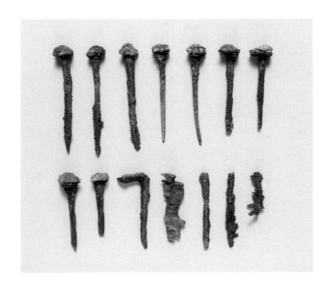

충청남도 공주의 백제 시대 무덤에서 출토된 관못. 긴 것이 10센티미터 정도 되는 쇠못으로 지금의 못과 비슷하다.

이의 못들이다. 526년 때의 것으로 추정되는 전라남도 함평군 월야면 예덕리 신덕고분에서는 원두정圓頭釘, 방두정方頭釘, 편원두정偏圓頭釘의 관못이 무려 150여 점이나 출토됐다. 삼국시대 고구려 고분으로 추정되는 평안남도 대동군 화성리 쌍곽분의 동곽에서 10~12센티미터 길이의 관못 서른네 개가 발굴되기도 했다. 머리는 곱상한 반원형과 납작한 것 두 종류로 길이는 2센티미터 정도다.[5]

아르키메데스가 발명한 나사못

'미라 못'에서 보듯, 못의 몸체에 홈을 낸 나사못의 역사도 수천 년 전으로 거슬러 올라간다. 나사란 원통 모양의 못에 한쪽 방향으로 비스듬히 홈을 판 것을 말한다. 일반적인 못과 달리 나사못은 작은 힘으로도 두 물체를 꽉 조일 수 있다.

기록상 나사를 최초로 발명한 사람은 고대 그리스의 수학자 아르키메데스Archimedes다. 정확하게 말하면 나사못이라기보다는 나사의 원리를 발견한 셈이다. 목욕탕에서 부력의 원리를 발견한 후 맨몸으로 뛰쳐나와 "유레카eureka"를 외쳤다는 일화로 잘 알려진 아르키메데스는 물리학자, 천문학자, 수학자이자 발명가이고 무기 디자이너였다.

그는 기원전 287년쯤 이탈리아 시칠리아섬의 시라쿠사에서 태어났다. 시라쿠사는 고대 그리스의 코린토스인과 테네아인이 세운 도시 국가로, 로마 공화정 말기의 정치인이자 저술가인 키케로Cicero가

"모든 그리스인의 도시 중 가장 크고 아름다운 도시"라고 칭송했을
만큼 번성한 곳이었다.

기록에 따르면 아르키메데스는 기원전 270~215년 재위한 시라쿠
사의 국왕 히에론 2세의 부탁을 받아 거대한 선박을 설계했다. 시라
쿠시아Syracusia라고 이름 붙인 이 선박은 무려 600여 명이 승선할 수
있는 엄청난 크기였다. 아르키메데스는 선박에 물이 들어찼을 때 이
를 퍼올리는 장치도 함께 고안했다. 속이 빈 긴 원통에 회전축을 두
고 나선을 붙인 다음, 말이나 소로 회전축을 돌려 물을 퍼 올리도록
만든 것이다.

아르키메데스는 나선의 각도에 가해지는 힘을 계산해 그 힘으로
물을 얼마만큼 끌어올릴 수 있는지 알아냈다. 이 장치를 '아르키메데
스의 나사' 또는 '아르키메데스의 펌프'라 부른다. 로마 시대 건축가
이자 작가 비트루비우스Vitruvius는 아르키메데스 펌프가 바빌로니아

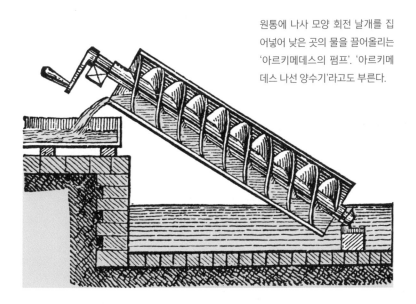

원통에 나사 모양 회전 날개를 집
어넣어 낮은 곳의 물을 끌어올리는
'아르키메데스의 펌프'. '아르키메
데스 나선 양수기'라고도 부른다.

의 공중 정원에 사용된 펌프를 개량한 것이라고 기록했는데, 아르키메데스가 젊은 시절 이집트에서 수학했다는 점을 고려하면 꽤 타당성 있는 주장이다.

기원전 5세기 그리스 피타고라스 학파의 수학자 아르키타스Archytas가 원뿔곡선 이론을 세워 아르키메데스보다 먼저 나사못의 원리를 제시했다는 주장도 있다. 나무로 만든 '아르키메데스의 펌프'는 고대 그리스와 로마 시대는 물론이고 오늘날까지도 쓰이고 있다.

지금처럼 크기가 작은 금속 나사는 1513년 무렵 독일의 시계공이 만들었다고 한다. 일일이 손으로 만들던 나사못을 기계로 생산해낸 사람은 영국 '공작기계의 아버지' 헨리 모즐리Henry Moseley다. 1797년 그는 제각각이던 나사의 굵기와 나사선 간격을 통일한 선반 기계를 발명해 대량생산 시대를 열었다.

나사선의 각도를 규격화한 사람은 모즐리의 공장에서 일하던 엔지니어 조지프 휘트워스Joseph Whitworth였다. 그가 1841년 만들어낸 '휘트 나사'는 영국 철도국의 공식 나사로 채택됐고, 이 규격이 다른 분야로 확산되면서 영국 표준으로 자리 잡았다. 서로 다른 나사 규격이 국경을 넘어 통일된 것은 제2차 세계대전 이후다. 전쟁 당시 미국과 영국의 나사못 규격이 달라 비행기 부품 등을 수리하는 데 큰 애를 먹었던 경험이 규격 통일로 이어진 것이다.

드라이버로 나사못을 더욱 단단하고 안전하게 조일 수 있도록 못의 머리에 홈을 내는 아이디어는 1875년 미국인 앨런 커밍스Allan Cummings가 처음 구상했지만, 이를 제품으로 생산한 사람은 캐나다 발명가이자 사업가인 피터 로버트슨Peter Robertson이었다. 그는 나사못 머리에 네모난 홈을 내 1908년 온타리오 밀턴에 있는 제 공장에서 생산해 팔기 시작했다. 십자 홈 나사못은 1900년대 초 미국의 엔지니어 헨리 필립스Henry Phillips가 발명했다. 이 나사못은 '필립스 나사'로 불린다. 필립스는 1933년 특허를 내고 십자 나사를 대량생산해 엄청난 돈을 벌었다. 십자 드라이버 역시 그의 작품이다.

3 인도에서 영국으로 간 샴푸의 여정

#샴푸 #린스 #비누 #동인도회사 #만국박람회 #P&G

동서양을 막론하고 윤기 나는 머릿결이 여성미의 척도 중 하나가 된 것은 수천 년 전부터다. 옛날 우리나라 여성들이 창포로 머리를 감은 것처럼, 메소포타미아 남쪽의 고대 왕국 바빌로니아에서는 기원전 3000년경부터 동물의 지방과 재를 섞어 몸을 씻고 머리를 감았다. 오늘날 우리가 사용하는 '알칼리alkali'라는 말은 바로 아랍어로 '재'를 뜻하는 '칼리kali'에서 유래한 것으로 알려져 있다. 이집트에서는 기원전 1500년경부터 연꽃잎 등에서 추출한 기름과 동물 지방 그리고 알칼리성 소금을 섞어 세제로 썼다고 한다.

고체 비누는 800년경 시리아 알레포에서 처음 등장한 것으로 추정한다. 올리브유, 월계수유, 잿물을 함께 끓이고 이를 식혀 덩어리를 만든 다음 잘라서 비누로 사용한 것. 11~12세기 십자군 전쟁에 참전한 군인들이 알레포에서 '신문물' 비누를 대량으로 유럽에 가져왔고,

이후 비누는 유럽의 귀족층에서 큰 인기를 누렸다. 특히 중동에서 건너온 비누업자들이 스페인과 이탈리아에 정착해 본격적으로 비누를 생산했는데, 스페인 카스티야 특산품인 올리브유 비누는 지금도 꾸준히 사랑받고 있다.

오늘날 모발 관리의 필수품이 된 '향기 나는 물비누' 샴푸는 언제 어떻게 생겨났을까? 아이러니하게도 샴푸는 유럽 식민주의의 역사와 연관이 깊다. '샴푸'라는 말은 인도 힌두어 '참포champo, campo'에서 온 것으로 추측한다. 참포는 '누르기' 또는 '완화'를 뜻하는 산스크리트어 차파티capati, campna에 뿌리를 두고 있다.[1]

영국 국왕을 사로잡은 인도식 샴푸 치료

인도에서는 고대부터 허브와 추출물을 섞어 피부와 모발을 관리했다. 고대 기록에 따르면 인도인들은 무환자나무sapindus의 열매와 말린 구스베리 그리고 여러 허브를 끓여 만든 추출물로 머리를 감았다고 한다.

무환자나무 열매는 소프넛soapnut 또는 소프베리soapberry란 이름으로도 불리며 지금도 천연 세제로 쓰인다. 주머니나 그릇에 이 열매를 넣고 비비면 거품이 일어나는데, 천연 계면활성제인 사포닌이 들어 있기 때문이다. 고대 인도에서는 무환자나무 열매의 거품에 아카시아꽃 추출물인 시카카이shikakai, 히비스커스 꽃 등을 섞어 쓰기도 했다고 한다. 16세기 시크교Sikh敎의 창시자인 구루 나나크Guru Nanak가

무환자나무 열매를 언급했다는 기록도
있다.

인도에서 '참포'란 이런 천연 세제로
몸의 아픈 부위를 마사지하고 정결하게
씻어내는 행위를 가리킨다. 식민지 시대
초기에 인도를 방문한 유럽의 무역상들
에게 인도인들의 참포 문화는 깊은 인상
을 주었고, 참포라는 발음이 훗날 샴푸로
바뀌어 오늘날까지 전하게 됐다.

영국에 참포 또는 샴푸를 본격적으로
소개한 사람은 인도의 여행가이자 의사,

'사핀두스'로도 불리는 무환자나무 열매의
껍질에는 사포닌이 많이 들어 있어 물에 넣
고 문지르면 세제로 쓸 수 있다. 친환경 천
연 세제로 주목받고 있다.

기업인이던 딘 마호메드Dean Mahomed다. 그는 세계 미용의 역사는 물
론이고 유럽 식민 시대 역사를 말할 때도 빼놓을 수 없는 인물이다.
18세기 유럽으로 건너온 인도 이민자 중 가장 유명할 뿐만 아니라 인
도 요리와 의약품 등 문화를 유럽에 전파했고, 최초로 영어 책을 펴
낸 인도인이기 때문이다. 마호메드는 1759년 인도 벵골 지역 파트나
의 이슬람교 가정에서 태어났다. 아버지는 영국의 아시아 독점 무역
회사인 동인도회사 소속 벵골군의 군인으로 활동하다 마호메드가 열
한 살 되던 해에 전투에서 사망했다.

아버지의 뒤를 이어 동인도회사 군대에 입대한 그는 1782년 상관
으로 모시던 고드프리 에반 베이커Godfrey Evan Baker 대령이 퇴직하자
그와 함께 아일랜드로 이주했다. 1784년 아일랜드 코크로 간 마호메
드는 학교에 들어가 영어를 배우다가 제인 댈리Jane Daly와 사랑에 빠

진다. 이슬람에서 영국 국교로 개종한 그는 1786년 댈리와 결혼했고, 이후 런던으로 이주했다.

마호메드가 영국 역사에 본격적으로 등장한 것은 1794년이었다. 군 복무 시절 인도 곳곳을 여행한 경험을 담아 『딘 마호메드의 여행기The Travels of Dean Mahomed』를 출간한 것이다. 인도인이 영어로 쓴 첫 번째 책으로서 이 여행기는 당시 영국은 물론 유럽인들에게 생소하기만 하던 인도 문화를 소개하고, 서구 문화와의 차이점 등을 지적해 오늘날까지도 역사적 가치를 인정받고 있다. 이후 사업가로 변신한 마호메드는 1810년 런던에 '힌두스탄 커피 하우스Hindoostane Coffee House'를 열었다. 영국 최초의 인도 식당이었다. 이곳에서 그는 커리 등 인도 음식뿐만 아니라 인도산 담배 등을 팔았다.

1814년 마호메드는 가족과 함께 영국의 해변 휴양도시 브라이턴으로 이주해 인도식 목욕탕을 열었다. 당시 신문 광고에는 "인도의 약용 증기탕—터키탕과 비슷, 많은 질병을 치료하고 통증을 없애줌. 특히 류머티즘과 마비, 통풍, 굳은 관절통, 골절 등에 직효"라고 적혀 있다.[2] 1826년 마호메드의 목욕탕 그림을 보면, 건물 외벽에 커다랗게 쓴 '마호메드의 오리지널 약용 샴푸잉 목욕Mahomed's original medicated shampooing bath'이라는 문구가 보인다.

여기서 '샴푸잉'은 인도식 천연 오일과 세제로 아픈 곳을 마사지하고 허브를 이용한 증기 찜질, 더운물 목욕 등으로 통증과 긴장을 풀어주는 과정 전체를 뜻했다. 지금의 '스파'와 비슷한 마호메드의 목욕탕은 브라이턴 상류층 인사들 사이에서 큰 인기를 끌었고, 인도식 목욕이 통증 치료에 효과가 있다는 입소문이 나면서 지역 병원들에

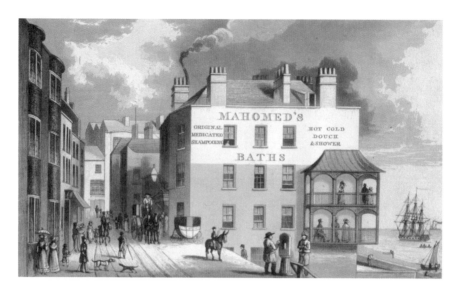

딘 마호메드의 목욕탕. 1822년에 그가 펴낸 『샴푸잉: 또는 인도 약용 증기 목욕의 효과』의 1826년 개정판에 실린 삽화다.

서도 환자를 보낼 정도였다고 한다.[3]

마호메드는 1820년 『샴푸잉 의사이자 인도식 약용 증기 및 바닷물 목욕 발명가 셰이크 딘 마호메드의 치료 사례*Cases Cured by Sake Deen Mahomed, Shampooing Surgeon, and Inventor of the Indian Medicated Vapour and Sea-water Bath*』란 책을 펴내 3판까지 찍는 성공을 거두기도 했다. 국왕 조지 4세에게 헌정된 이 책에서 그는 영국인들이 처음에는 인도식 마사지에 거부감을 나타냈지만 통증을 완화하는 치료 효과가 알려지면서 결국 인정하게 됐다고 밝혔다. 1822년엔 『샴푸잉: 또는 인도 약용 증기 목욕의 효과*Shampooing: or Benefits Resulting from the Use of the Indian Medicated Vapour Bath*』란 저서도 발표했다. '닥터 브라이턴'으로 불릴 만큼 유명해진 마호메드는 국왕 조지 4세와 윌리엄 4세의 '샴푸잉 의사shampooing surgeon'로 임명되면서 영국 상류사회의 유명 인사가 됐다.[4]

거품 따라 번지는 환경 오염

유럽에서 모발용으로 사용한 초기 샴푸는 면도용 비누와 허브를 끓여 만든 형태가 대부분이었다. 본격적인 샴푸 제품은 20세기 들어 등장한다. 독일 베를린 시내 중심가에서 약국 겸 향수 가게를 운영하던 약사이자 발명가 한스 슈바르츠코프Hans Schwarzkopf가 1903년 분말 형태의 모발 전용 비누를 내놓은 것이다. 물에 비교적 잘 녹는 이 분말 비누가 좋은 반응을 얻자 슈바르츠코프는 회사를 세워 1927년에 최초로 병에 든 액체 샴푸를 출시했다.

1933년 세계 최초로 비非알칼리 샴푸를 개발한 슈바르츠코프는 유럽 최초의 미용사 교육 시설을 세우는 등 모발 미용 산업의 발전에 크게 기여한 인물로 평가받는다. 슈바르츠코프의 회사는 1995년 독일 뒤셀도르프 소재 헨켈Henkel이 인수해 다양한 미용 제품을 생산하며 120년이 넘는 역사를 이어가고 있다.[5]

미국은 샴푸 대중화에 결정적인 기여를 했다. 1909년 미국 시카고의 H.S. 피터슨 앤드 컴퍼니H.S. Peterson&Company가 캔스록스 과립형 샴푸Canthrox Granular Shampoo를 시장에 내놓아 선풍적으로 인기를 끈 것이다. 합성 계면활성제 샴푸는 1930년대에 미국 비누 회사 프록터 앤드

1898년 독일 베를린에 문을 연 한스 슈바르츠코프의 약국.

갬블P&G, Procter&Gamble에서 탄생했다. '아이보리Ivory'라는 고체 비누로 대히트를 친 P&G가 1934년에 출시한 '드린Drene'이 바로 첫 합성 계면활성제 샴푸다. 경수硬水에 잘 녹지 않고 칼슘과 마그네슘에 반응해 흰색 찌꺼기를 남기는 천연 세제와 달리, 합성 계면활성제는 어떤 물에서나 풍부한 거품을 만들어 때를 잘 씻어내는 장점이 있다. 오늘날에는 샴푸뿐만 아니라 비누, 치약, 샴푸, 세안제, 샤워 젤, 주방 세제, 세탁 세제 등 생활 전반에 합성 계면활성제가 사용된다.

하지만 계면활성제는 오래 사용하면 피부와 건강에 나쁘고, 무엇보다 자연적으로 잘 분해되지 않아 환경 오염의 심각한 원인이 되고 있다. 2019년 7월 멕시코 푸에블라주에서는 과도한 세제 사용으로 오

염된 생활하수가 하천에 흘러들면서 무려 5미터가 넘는 거품 산이 생겨 충격을 던지기도 했다.[6]

그렇다면 샴푸와 함께 사용하는 컨디셔너와 린스 제품은 언제 등장했을까? 우리 옛 여성들이 머릿결에 부드러움과 윤기를 더하기 위해 동백기름을 사용한 것처럼 유럽에서도 머리카락과 수염을 관리하는 데 천연 기름을 썼다. 특히 19세기 빅토리아 여왕 통치기에 영국 남성들 사이에서는 일명 '마카사르Macassar 오일'이 선풍적으로 인기를 끌었다.

마카사르 오일은 18세기 말~19세기 초 런던에서 활동한 유명 이발사 알렉산더 롤런드Alexander Roland가 1793년 손님들에게 서비스로 제공하던 모발 관리용 기름으로, 코코넛이나 야자유 등에 일랑일랑 같은 향긋한 꽃 기름을 섞어 만들었다. '마카사르'란 이름은 네덜란드 동인도회사가 있던 인도네시아 마카사르 항구를 통해 수입한 각종 천연 재료들을 사용한 데서 유래한 것으로 알려져 있다.

하지만 마카사르 오일 같은 천연 컨디셔너는 많이 바르면 머리카락이 달라붙고 번들거리는 데다 옷이나 바닥에 흐르기 쉬워 세탁을 하거나 청소를 해야 한다는 단점이 있었다. 이런 모발 관리용 천연 기름을 제품화한 사람은 프랑스 향수업자 에두아르 피노Édouard Pinaud였다. 그는 1900년 파리 만국박람회에 천연 기름과 향수를 섞은 모발 컨디셔너 '브릴리앙틴Brilliantine'을 내놓았고, '피노'와 '브릴리앙틴'이란 이름은 '클럽맨 피노 브릴리앙틴 포마드Clubman PinaudBrilliantine Pomade'란 제품으로 21세기까지 이어지고 있다.

4 성냥, 불씨에 깃든 가혹한 역사

#프로메테우스 #조선인촌주식회사 #성냥팔이소녀
#백린탄 #찰스디킨스 #베른협약

'성냥 공장 아가씨'라는 노래가 불리던 때가 있었다. "인천에 성냥 공장 아가씨 하루에 한 갑 두 갑 일주일에 열두갑 팬티 속에 감추고서 정문을 나설 때"란 가사로 노래가 시작된다. 여성을 비하하는 낯 뜨거운 구절 때문에 남정네들이 술집에서 낄낄거리며 불러제끼곤 했지만, 사실 이 노래에는 가슴 아픈 사연이 있다. 성냥갑을 훔쳐 속옷 속에 숨겨서 가지고 나와 팔아야만 할 정도로 저임금에 혹사당했던 여성 노동자들의 눈물 어린 현실이 숨어 있기 때문이다.

성냥은 1880년대에 개화승을 자처한 이동인이 일본에서 가지고 오면서 우리나라에 들어왔다. 일부 사학자는 이동인을 일본의 조선 침략에 부화뇌동한 친일파로 평가한다. 사실 조선시대에도 성냥과 비슷한 '석류황石硫黃'이 있었다. 가느다란 소나무 가지에 유황을 찍어 말린 것인데, '유황을 돌처럼 굳혀 불을 붙인다'는 뜻의 석류황이 음

국내 최초의 성냥 공장인 조선인촌
주식회사의 신의주 지점 모습. 1926
년 조선산림회가 펴낸 『반도의 취록
(半島の翠綠)』에 수록된 사진이다.

운 변화를 거쳐 오늘날의 '성냥'이 됐다.

우리나라 성냥의 역사에서 인천은 빼놓을 수 없는 곳이다. 2019년
개관한 인천 배다리성냥마을박물관에 따르면, 1886년 제물포에 있는
무역상사 세창양행이 일본에서 성냥을 수입해 국내에 팔았고, 1917
년에는 인천에 첫 성냥 공장인 조선인촌주식회사朝鮮燐寸株式會社가 문

을 열었다. 인천에 성냥 공장이 생긴 이유는 압록강 일대에서 생산된 목재를 바닷길로 쉽게 운송할 수 있는 데다, 공장 가동에 필요한 전력 수급이 다른 곳에 비해 좋았기 때문이라고 한다.

한때 인천하면 곧 성냥 공장을 떠올릴 만큼 성냥은 인천 제조업계의 불씨 노릇을 했다. 하지만 해방 후 라이터가 등장하면서 성냥 산업이 사양길에 들어섰고, 조선인촌주식회사는 결국 1960년대에 문을 닫는다. 이제 성냥 공장은 전국에 불과 몇 곳만 남아 명맥을 유지하고 있다.[1]

불씨를 만들어라

인류 문명의 역사는 곧 '불의 역사'라 해도 과언이 아니다. 그리스 신화에서 프로메테우스는 제우스의 불을 훔쳐 인간에게 몰래 전하는 신으로 등장한다. 불은 곧 빛이자 문명이었던 것이다. 그런 만큼 불씨 지키기는 인간의 일상에서 가장 중요한 일이었다. 인간이 불을 사용한 시기는 호모 에렉투스가 살던 140만 년 전으로 거슬러간다. 인간은 돌을 서로 부딪치거나 나뭇가지를 비벼 얻은 불씨로 불을 피워 추위를 피하고 고기를 구워 먹었다. 쇳조각을 돌과 부딪쳐 불씨를 얻는 방법도 썼다.

1991년 이탈리아와 오스트리아 국경에 위치한 외츠탈 알프스 빙하에서 약 5,300년 전에 사망한 남성 미라가 발굴됐다. '아이스맨Iceman' 이란 별명이 붙은 이 남성은 가죽옷을 입고 전신에 예순한 가지 문신을 그렸으며, 어깨에 화살을 맞아 숨진 것으로 추정됐다. 부싯돌 단검과 금속 도끼를 지니고 있었고, 주머니에서는 말굽버섯 조각들이 나왔다. 이 버섯은 한번 불이 붙으면 잘 꺼지지 않기 때문에 오래전부터 불씨를 보관하거나 옮길 때 불쏘시개로 쓰였다. 미라 남성도 생존에 필요한 불을 만들기 위해 이 버섯을 불쏘시개로 쓰거나 차로 달여 마셨을 것으로 추측한다.[2]

기나긴 불의 역사에도 불구하고 인간이 불씨 지키기의 짐에서 해방된 것은 고작 200년도 채 안 된다. 19세기 초 영국의 약제사이자 발명가인 존 워커John Walker가 오늘날과 같은 형태의 성냥을 내놓으면서 비로소 언제 어디서나 불을 피울 수 있는 시대가 열렸기 때문이다. 17세기부터 유럽에서는 인위적으로 불꽃을 일으키는 연구가 많이 이뤄졌다. 독일의 연금술사 헤니히 브란트Hennig Brandt도 그런 연구를 하던 사람이었다. 그는 1669년에 금을 만들어내기 위해 제 소변을 모아

영국 발명가 존 워커가 개발한 마찰식 성냥.

증발시키던 중 빛을 내는 신비한 물질을 발견했다. 바로 '인燐'이다. 당시에는 브란트가 모든 것을 금으로 바꿔주는 '현자의 돌'을 발견했다는 소문이 돌아 폭발적인 관심을 끌었다고 한다. 조선인촌주식회사의 이름에 '인'이 들어간 것은 성냥 원료로 인이 사용되기 때문이다.

고체 상태의 인은 원자 배열에 따라 네 종류로 나뉜다. 액체 또는 기체 상태의 인이 고체로 응결된 것이 바로 백린白燐 또는 황린黃燐이다. 약 35도에서 자연발화할 정도로 인화성이 매우 크다. 두 번째는 적린赤燐으로, 백린을 진공 상태에서 300도로 가열해 얻는다. 그 자체로는 독성이 없고, 원자들이 사슬로 연결된 고분자 형태여서 안정적이다. 세 번째 자린紫燐은 적린을 550도 이상 가열하면 얻을 수 있다. 네 번째 흑린黑燐은 백린을 1만 2,000기압에서 200도로 가열해 만드는데 가장 안정적이다.

브란트가 발견한 백린은 쉽게 불을 만들 수 있다는 장점이 있지만, 인간의 체내에 축적돼 결국에는 목숨을 앗아가는 무서운 독성을 가진 물질이다. 불을 쉽게 통제할 수 없다는 것도 문제였다.

루시퍼와 성냥팔이 소녀

인류 최초의 자기발화식 성냥은 19세기 초 프랑스에서 탄생했다. 화학자 장 샹슬Jean Chancel이 1805년 가느다란 나무 조각의 끝에 염소산칼륨, 황, 설탕, 고무 등을 바른 다음 성냥 머리를 황산에 담가 발화

시키는 방식을 고안해낸 것이다. 그러나 불편하고 위험할 뿐 아니라 값이 너무 비쌌고, 또 황이 탈 때 나는 역한 냄새 때문에 널리 사용되지는 못했다.

성냥 머리를 물체의 표면에 마찰시켜 불꽃을 일으키는 성냥은 1826년에야 등장한다. 영국 발명가 워커가 염소산칼륨과 황화안티모니를 발화 연소제로 쓴 성냥 머리를 유리 조각과 규조토를 바른 종이 사이에 넣고 잡아당겨 불씨를 만들어내는 성냥을 고안한 것이다. 이 듬해 워커는 성냥개비와 사포를 상자에 함께 넣어 약국 등에서 팔기 시작했다. 성냥을 뜻하는 영어 '매치match'는 워커가 발명한 성냥이 사포와 짝을 이룬 데서 나왔다.

워커는 자기 제품에 '콩그리브스Congreves'란 이름을 붙였다. 1806년 로켓의 모태가 된 '콩그리브 로켓'을 발명해 영국 국방력 강화에 혁혁한 공을 세운 윌리엄 콩그리브William Congreve에게 성냥을 헌정한 것이다. 50개들이 성냥 한 상자의 가격은 1실링. 1800년대 초반 영국군 병사의 하루 평균 임금이 1실링이었다고 하니 꽤 비싼 가격이었던 셈이다.

주변에서 특허를 내라고 권했지만 워커는 관심이 없었다고 한다. 성냥 머리 제조에 들어가는 화학물의 배합 공식도 공개하지 않았다. 그러다 새뮤얼 존스Samuel Jones란 사람이 워커의 성냥을 그대로 모방해 1829년 '루시퍼스Lucifers'란 제품을 선보이면서 성냥은 비로소 대중화되기 시작한다. '루시퍼'는 라틴어로 '빛을 가져오는 사람'이란 뜻이며 악마를 가리키는 말이기도 하다.

1830년에는 프랑스 화학자 마르크 샤를 소리아Marc Charles Sauria가 백린을 사용한 성냥을 선보인다. 염소산칼륨과 황, 백린과 고무를 섞어 만든 성냥 머리를 마찰 면에 그어 불을 켤 수 있게 한 것. 백린 성냥은 유럽 전역으로 빠르게 퍼졌다. 황이 탈 때 나는 악취가 현저하게 적었기 때문이다. 1833년에는 사포 대신 어떤 물체에 비비든 불이 붙는 백린 성냥이 선보였다. 서부영화에는 카우보이들이 구두 굽에 그어 성냥불을 켜는 장면이 종종 등장하는데 이것이 바로 백린 성냥이다. 1848년에는 독일 프랑크푸르트대학교의 화학과 교수 루돌프 크리스티안 뵈트거Rudolf Christian Böttger가 적린을 성냥 머리가 아니라 상자의 마찰면으로 분리한 안전성냥을 발명했다. 성냥을 켜는 순간 마찰면에 바른 적린 성분이 성냥 머리의 염소산칼륨과 결합하면서 마찰열에 의해 불이 붙고, 황의 도움을 받아 불꽃을 내는 원리다. 대다수 성냥의 마찰면이 검붉은색인 이유가 바로 적린을 칠했기 때문이다.

19세기 중반 유럽과 미국에서 성냥은 매우 흔한 물건이 됐다. 1845년 한스 안데르센Hans Andersen의 슬픈 동화 「성냥팔이 소녀」는 이런 사회 분위기 속에서 탄생했다. 헐벗고 굶주린 소녀는 추운 겨울날 눈 내리는 거리에서 "성냥 사세요"를 외쳐댄다. 하지만 성냥을 하나도 팔지 못했고, '이대로 집에 가면 아버지한테 혼날 텐데' 하고 걱정을 한다. 추위를 견디지 못한 소녀는 성냥을 하나씩 켜고 환영을 본다. 그렇게 소녀는 마지막 성냥을 켜 세상을 떠난 할머니를 본 후 길에서 죽음을 맞는다.

뼈가 녹아내린 성냥 공장 여공들

성냥의 대중화 덕에 사람들의 일상은 크게 편리해졌지만, 그 뒤에서는 끔찍한 비극이 벌어지고 있었다. 유럽과 미국의 성냥 공장과 인공장 노동자들 사이에 백린의 독성 때문에 턱뼈가 변형되는 '인중독성괴저phosphonecrosis, phossy jaw' 환자가 속출한 것이다.

백린의 치명성은 당시 이미 성냥 머리를 삼켜 자살을 시도하는 사람들이 생겨날 정도로 널리 알려져 있었다. 1857년 미국 외과 의사 제임스 러시모어 우드James Rushmore Wood의 논문 한 편이 큰 관심을 모았다. 제목은 「아래턱 전체 제거 수술Removal of the entire lower jaw」. 이 논문에서 우드는 코닐리아Cornelia라는 16세 여성 환자의 증세와 치료 과정을 상세히 소개했다. 뉴욕의 성냥 공장에서 2년 반 동안 하루 여덟 시간씩 일하던 코닐리아의 오른쪽 턱뼈 아래쪽에 종기가 생겼다. 종기는 점점 커졌고 고름까지 나왔다. 통증은 물론이고 음식물을 씹어 삼킬 수 없는 고통에도, 코닐리아는 1855년 12월 17일 벨뷰 병원에 입원하기 불과 1주일 전까지 생계 때문에 날마다 공장에 나갔다. 그는 결국 턱뼈 전체를 제거하는 수술을 받아야 했다. 우드는 미국뿐만 아니라 프랑스, 영국, 독일 등에서도 코닐리아와 유사한 환자가 보고된다고 지적했다.[3]

성냥 공장 노동자들이 겪는 끔찍한 고통은 사회적으로 큰 반향을 불러일으켰다. 1840~1850년대에는 영국 성냥 공장의 안전 실태를 다룬 근로감독 보고서가 숱하게 나왔고, 소설가 찰스 디킨스Charles Dickens가 성냥 공장에서 다루는 백린의 위험성을 고발하는 글을 발표하기

1888년 런던의 '브라이언트 앤드 메이' 성냥 공장 여공들이 열악한 환경에 반발해 파업을 선언했다. 이 파업은 '성냥 소녀들의 파업(Matchgirls' strike)'이라고 불렸다.

도 했다. 1888년 런던의 성냥 공장 '브라이언트 앤드 메이Bryant and May' 에서는 여공들이 열악한 작업 환경에 반발해 파업을 벌였다. 진보적인 언론들이 파업 지지를 선언하고 독자들을 대상으로 파업 노동자를 돕는 모금 운동을 벌이는가 하면, 조지 버나드 쇼George Bernard Shaw, 시드니 웹Sydney Webb 등 저명한 페이비언협회Fabian Society 회원들이 파업 지지 활동을 펼치기도 했다. 결국 런던 노동위원회가 개입해 공장의 작업 환경 개선을 이끌어내면서 파업은 마무리됐다.

백린의 위험성이 심각한 사회문제가 되자 핀란드 정부는 1872년 백린 사용을 법으로 금지했다. 2년 뒤인 1874년에는 덴마크, 1897년 프랑스, 1898년 스위스, 1901년에는 네덜란드가 백린 금지법을 제정했다. 그리고 1906년 9월 스위스 베른에서 체결된 '베른 협약'[4]을 통해 국제적으로 성냥 제조에 백린을 쓸 수 없게 됐다. 1980년 체결된 '특정 재래식 무기 사용 금지 제한 협정'은 민간인과 민간인이 집중된 지역의 군사 목표물에 백린탄 같은 무기를 사용하지 못하도록 금지했다. 1997년 4월 효력이 발생한 '화학무기 금지 협약'[5]은 "전쟁 수행 방법으로 화학물의 독성을 사용하는 무기를 금지한다"고 명문화함으로써 백린을 사용한 무기를 다시 한 번 금지했다. 백린탄은 수천 도의 화염을 생성하는 소이탄의 일종으로, 가공할 살상력으로 인해 핵폭탄을 제외하고 '인간이 만든 최악의 무기', '악마의 무기' 등으로 불린다. 백린탄이 터진 주변의 공기를 마시면 호흡기에 치명상을 입고, 인체에 닿으면 뼈와 살이 녹는 끔찍한 부상이 생긴다.

국제법에도 불구하고 백린탄은 지금도 쓰인다. 2009년 국제 인권 단체 휴먼 라이츠 워치Human Rights Watch는 이스라엘군이 팔레스타인 가자 지구 북부의 인구 집중 지역인 가자 시티와 자발리야 난민촌 일대에 백린탄을 다수 투하했다고 보고했다.[6] 이에 대해 이스라엘은 "국제법상 용인된 무기만 사용한다"는 공식 입장만 냈을 뿐 백린탄 사용에 대해서는 애매모호한 태도로 일관했다.

이스라엘은 그보다 앞서 2006년에 레바논 무장 정치 조직 헤즈볼라Hezbollah와의 전쟁에서도 백린탄을 사용했다. 2010년 시리아 전쟁 발발 이후 곳곳에서 백린탄 사용 의혹이 제기됐으며, 2019년에는 터키군이 쿠르드군을 토벌한다는 명목으로 민간인 거주 지역에 백린탄을 투하한 정황도 보고됐다.[7] 2022년 2월 우크라이나를 침공한 러시아가 민간인 지역에 백린탄 공격을 했다는 주장도 나왔다. 생계를 위해 백린 성냥 제조에 내몰리는 노동자는 사라졌지만, 백린의 공포는 21세기인 지금도 계속되고 있는 것이다.

5 콜롬부스를 놀라게 한 고무공

#콜롬부스 #아즈텍 #축구의기원 #라텍스 #굿이어
#레오폴트2세 #콩고민주공화국 #챌린저호

1492년 이탈리아 탐험가 크리스토퍼 콜롬부스Christopher Columbus, Cristoforo Colombo가 오늘날의 아이티인 히스파니올라섬에 상륙했다. 여기서 그는 원주민들이 동그란 물체를 발로 차며 노는 모습을 보고 깜짝 놀랐다. 공처럼 보이는 자그마한 물체가 발이나 땅바닥에 부딪힐 때마다 통통 튀어오르는 것이 너무나도 신기했기 때문이다. 가죽을 꿰매 붙이고 지푸라기 등으로 속을 채운 유럽의 공과는 완전히 다른 것이었다.

1496년 콜롬부스는 원주민들이 사용하던 이 신기한 공을 가지고 유럽으로 돌아왔다. 당시 스페인 왕실 역사 기록관이던 피에트로 마르티르 데 앙기에라Pedro Mártir de Anglería는 콜롬부스가 가져온 공을 보고 "어떻게 공중으로 그토록 잘 튀어오르는지 도저히 이해가 되지 않는다"고 기록했다.[1]

45

유럽 궁정을 발칵 뒤집은 고무공

그로부터 32년이 지난 1528년 스페인 궁정에서는 신기한 장면이 펼쳐진다. 아즈텍 제국을 멸망시키고 돌아온 악명 높은 에르난 코르테스Hernán Cortés가 중앙아메리카에서 가져온 물건들을 자랑스럽게 내보인 것. 이 중에는 초콜릿 음료도 있었다. 카를로스 1세 국왕과 귀족들의 시선은 코르테스가 궁정까지 끌고 온 아즈텍인들에게 쏠렸다. 두 팀으로 나뉜 아즈텍인들이 작은 공으로 전통놀이 '울라마Ulama'를 시연해 보였기 때문이다. 울라마는 발 대신 허벅지와 엉덩이 등으로만 공을 쳐내는 놀이다. 고무공을 이용한 '축구'가 유럽에 처음으로 소개된 순간이었다.

중앙아메리카 고무의 역사는 적어도 3,000년 전으로 거슬러 올라간다. 기원전 1200년경부터 400년 전후까지 번성했던 올멕문명에서 '올멕Olmec'이란 단어가 '고무나무 사람'이란 뜻이다. 고무나무 수액으로 공을 만들어 '울라마' 경기를 벌이는 것이 이들에게 얼마나 중

멕시코 나야리트에서 출토된 약 2,000년 전 점토 조각. 고무공을 즐겨 쓰던 아즈텍 사람들의 경기 장면을 빚어 만든 것으로, 기원전 200~기원후 500년경 것으로 추정한다.

요했는지를 잘 보여주는 단어다.

올멕은 초기 메소아메리카문명으로 아즈텍과 마야 등 후기 문화에 많은 영향을 미쳤다. 멕시코 고고학자 폰시아노 오르티스Ponciano Ortiz 와 마리아 델 카르멘 로드리게스Maria del Carmen Rodriguez는 엘마나티에서 올멕인들이 제사에 바친 것으로 보이는 사람 뼈와 함께 나무 도끼, 도기, 옥구슬, 조각상 등을 대거 발굴했다. 특히 흥미로운 발굴품은 10여 개의 고무공이었다. 연구팀은 직경 10~14센티미터의 이 공들을 기원전 1600년쯤 만든 것으로 추정했다. 이것이 사실이라면 '고무나무 사람'들은 올멕문명이 번성하기 훨씬 전부터 고무로 공을 만들었다는 의미가 된다.

기원전 1200년쯤 만든 것으로 보이는 울라마 선수 점토 조각상이 멕시코에서 발굴됐는가 하면, 미국 애리조나 북부와 온두라스에서는 울라마 경기장 유적이 1,500개 이상 발굴되기도 했다. 이처럼 중앙아메리카의 원주민들은 수천 년 전부터 고무나무 유액을 채취해 건조·응고시킨 탄력 있는 물질로 공이나 신발을 만들고, 혹은 항아리나 옷감에 발라 방수까지 한 것으로 보인다.

오늘날 유통되는 천연고무는 주로 남미 아마존 유역이 원산인 헤베아 브라질리엔시스Hevea Brasiliensis 고무나무에서 채취한다. 고무나무 유액의 30~40질량퍼센트를 차지하는 라텍스를 건조시켜 생고무를 제조하는 것이다. '고무'란 말은 '나무 진'을 뜻하는 영어 '검gum'의 일본식 표현이다. 영어에는 고무를 뜻하는 단어 '러버rubber'도 있는데, 이는 1770년 영국의 기계공 에드워드 네언Edward Nairne이 중남미에서 가져온 천연고무로 문지르면 연필 자국이나 얼룩을 쉽게 지울 수 있다는 사실을 발견하면서 '문지른다'는 뜻의 단어 'rub'를 변형한 것이다. 당시만 해도 유럽에서는 그림을 그리다 지울 때 빵 조각을 사용했다. 영국의 화학자 조지프 프리스틀리Joseph Priestley도 빵 대신 생고무를 문지르면 연필 자국 등을 훨씬 쉽게 지울 수 있다고 극찬한 것이 생고무 지우개의 탄생으로 이어졌다.

고무나무에서 흘러나오는 라텍스. 고무나무는 원래 40미터 넘게 자라지만 라텍스를 빼내면 크지 못하기 때문에 농장 나무들은 그보다 작다. 30년이 넘으면 고무 생산량이 줄어 베어낸다고 한다.

고무에 미친 남자 굿이어

유럽에서도 중남미 식민지에서 가져온 천연고무로 방수 천, 신발, 의복 등을 만들어 쓰기 시작했다. 하지만 날이 더우면 고무가 녹아 끈적끈적해지고 추우면 딱딱하게 굳는 것이 골칫거리였다. 이 결점을 없애는 데 결정적으로 기여한 사람은 미국의 발명가 찰스 굿이어Charles Goodyear다.

그는 한마디로 '고무에 미친 사람'이었다. 1839년 굿이어가 우연히 천연고무와 황을 섞은 덩어리를 뜨거운 난로에 떨어뜨렸는데, 다음 날 고무 덩어리는 굉장한 탄성을 갖고 내구성도 높아져 있었다. 그는 1844년 1월 30일 고무 가황법으로 특허를 받았다. 하지만 수차례 소송에 휘말리는 등 살아생전 큰돈을 벌기는커녕 오히려 빚만 남기고

1860년에 59세로 세상을 떠나고 말았다. 세계적인 타이어 회사 굿이어와 찰스 굿이어는 사실 직접적인 관계가 없다. 미국 사업가 프랭크 세이벌링Frank Seiberling이 1898년 타이어 및 고무 제품 회사를 세우면서 굿이어의 업적을 기리기 위해 그의 이름을 쓴 것이 오늘날의 '굿이어 타이어'다.

최초로 고무 타이어를 발명한 사람은 영국 발명가 토머스 행콕Thomas Hancock이다. 마차 제조업자인 행콕이 고무에 관심을 갖게 된 이유는 마차 덮개로 쓸 방수 천이 필요했기 때문이다. 1819년 실험을 시작한 그는 고무로 코팅한 방수 천을 발명하고 이 천으로 장갑, 신발 등을 만드는 데 성공했다. 이 과정에서 고무로 만든 물통을 얇게 잘라내 동그란 고무줄을 발명하기도 했다. 특이한 것은 굿이어가 고무 가황법 특허를 받기 불과 8주 전 행콕도 영국에서 황을 이용한 고무 가공법 특허를 받았다는 사실이다. 그는 친구 윌리엄 브로크던William Brockedon이 1842년 미국에서 가져온 가황 가공 고무 샘플을 보게 됐고, 이것으로 고무 가공 실험을 해 영국에서 특허권을 획득했다. 이 고무 가공법에 '가황vulcanization'이란 단어를 붙인 사람이 바로 브로크던이었다. 그리스·로마 신화 속 대장장이 신 '불칸'의 이름에서 따왔다고 한다.

행콕은 1846년 마차의 나무 바퀴에 충격 방지용 고무를 부착하는 아이디어를 내놓는다. 하지만 통고무 타이어가 마찰열로 녹는 단점을 해결하지 못해 실용화에는 실패한다. 고무 가황법을 이용한 공기압 타이어는 1845년 영국 스코틀랜드의 로버트 윌리엄 톰슨Robert William Thomson이 발명했다.

톰슨은 1847년 3월 런던 리전트 공원에서 일명 '공기 바퀴'를 단 마차로 주행 실험을 해보였다. '공기 바퀴'를 단 마차는 기존 마차보다 소음과 충격이 적었다. 수 킬로미터를 달려도 바퀴가 크게 파손되지 않았으니 실험은 합격점을 받은 셈이다.

공기압 타이어는 1888년 영국 발명가이자 수의사인 존 던롭John Dunlop이 자전거용 타이어를 만들면서 비로소 실용화되기 시작했다. 이 타이어를 자동차용으로 발전시킨 사람은 프랑스의 에두아르Édouard와 앙드레 미슐랭André Michelin 형제다.

'콩고의 학살자' 벨기에 국왕

고무 가공법이 크게 발전하고 자동차까지 등장하자 고무 수요는 폭발적으로 증가한다. 고무의 역사는 콜롬부스 이후 서구 제국주의의 어두운 역사와 함께해왔다. 유럽 상인들은 중남미 식민지에서 고무를 채취하기 위해 원주민을 가혹한 강제 노동에 동원했다. 1800년대 말 벨기에 국왕 레오폴트 2세는 콩고를 자신의 사유지라 주장하면서 대규모 고무 농장을 세워 원주민들을 채취 작업에 내몰았다. 이 과정에서 원주민들은 채찍질당하고 목숨을 잃는 등 끔찍한 고통을 겪어야 했다. 1800년대 후반부터 1908년까지 레오폴트 2세는 벨기에 영토의 약 80배나 되는 드넓은 땅의 콩고 원주민을 노예로 만들고 수천만 명의 목숨을 앗아가 '벨기에의 학살자'로 불린다.

그가 제일 먼저 착취한 것은 상아였다. 그러다 이내 콩고 땅 여기

영국 선교사와 콩고 사람들. 벨기에 고무 농장에서 강제 노동에 시달리다 숨진 사람들의 손목을 들고 제국주의 착취의 실상을 고발하고 있다.

저기서 자라는 고무나무로 눈을 돌린다. 유럽에서 고무 수요가 크게 증가하자 레오폴트 2세는 현지에 대대적으로 고무 농장을 세웠다. 군인과 농장 관리자 들은 국왕의 요구에 따라 원주민들에게 엄청난 고무 채취 할당량을 부과했다.

할당량을 채우지 못하는 사람은 손이나 목이 잘렸다. 한 사람이 할당량을 못 채우고 죽으면 가족이나 이웃이 대신 채워야 했기 때문에 당시 콩고 고무 농장은 히틀러의 아우슈비츠 수용소 못지않은, 그야말로 '지옥'이었다. 이 때문이었는지, 1893년 250톤에 불과하던 콩고의 고무 수출량은 1901년 6,000톤으로 어마어마하게 증가한다. 물론 수익은 모두 레오폴트 2세의 주머니로 들어갔다. 그가 콩고에서 고무로 얻은 수익은 지금의 가치로 1조 원이 넘을 것이라고 한다.

콩고에서 레오폴트 2세가 벌인 만행은 같은 유럽인에게도 경악스러운 일이었다. 현지를 방문한 선교사 등이 콩고 고무 농장에서 벌어지는 만행을 유럽에 알리자 『셜록 홈즈Sherlock Holmes』로 유명한 아서 코넌 도일Arthur Conan Doyle 등 지식인들이 벨기에를 맹렬하게 비판하고 나섰다. 이에 1908년 벨기에 정부는 콩고를 식민화하고 국왕이 아닌 '국가의 재산'으로 공표한다. 레오폴트 2세는 콩고를 포기한 이듬해 사망했는데, 벨기에 국민들마저도 국왕의 관에 침을 뱉었다고 한다.

세월이 흐른 2020년 6월, 콩고민주공화국 독립 60주년을 맞아 벨기에의 필리프 국왕은 펠릭스 치세케디Félix Tshisekedi 대통령에게 축하 서한을 보내며 과거 벨기에가 가한 폭력과 잔혹 행위, 그리고 고통과 수모에 대해 사과했다. 벨기에 왕실이 콩고를 식민 지배한 과거를 공식적으로 사과하기는 처음이었다.

필리프 국왕은 이 서한에서 레오폴트 2세의 통치 시기를 언급하면서 "콩고가 독립할 당시에도 폭력과 잔혹 행위가 이어지며 고통과 굴욕을 초래했다"며 과거의 만행을 인정했다. 또 "모든 형태의 인종차별에 맞서 싸울 각오가 되어 있다"면서 "우리 사회에 존재하는 차별로 되살아난 과거의 상처에 마음 깊이 유감을 표한다"는 말도 덧붙였다.[2]

필리프 국왕의 서한은 벨기에가 식민지 과거를 재평가하고 레오폴트 2세 전 국왕의 만행을 책임져야 한다는 요구가 거세지는 가운데

벨기에 브뤼셀 시민들이 2020년 6월 미국의 조지 플로이드 사망 항의 시위에 연대하면서 과거 흑인들을 가혹하게 수탈한 레오폴트 2세 국왕을 비난하는 시위를 벌이고 있다.

나온 것이었다. 미국에서 흑인 남성 조지 플로이드George Floyd의 사망으로 촉발된 인종 불평등에 대한 항의 시위를 계기로, 벨기에에서는 식민 통치 기간 중 아프리카인 수백만 명을 숨지게 해 큰 비난을 받는 레오폴트 2세의 동상 여러 개가 파손됐다. 깜짝 놀란 연방의회는 식민지 과거를 조사하기 위해 위원회를 구성하기로 결정했다.

동남아시아로 넘어간 고무와 제2차 세계대전

오늘날 천연고무의 최대 생산지는 중남미가 아니라 동남아시아다. 1970년 설립된 천연고무생산국협회Association of Natural Rubber Producing Countries에는 인도, 방글라데시, 태국, 인도네시아, 말레이시아, 중국 등 아시아 12개국이 회원국으로 가입돼 있다. 이 중 태국, 인도네시아, 말레이시아의 생산량이 세계 천연고무 생산량의 80퍼센트를 차지한다.

중남미를 원산지로 하는 고무나무가 동남아시아에 퍼지는 데는 영국의 식민주의가 결정적인 역할을 했다. 1870년대에 헨리 위컴Henry Wickham이라는 영국인이 브라질 고무나무 종자 약 7만 개를 몰래 반출했고, 왕실 식물원인 큐 가든Kew Garden의 식물학자들이 이를 키워 인도 등 동남아시아 곳곳으로 보냈다. 독립국인 브라질 정부의 눈을 피해 고무나무 종자를 대량으로 밀반출한 위컴의 행위는 엄연한 도둑질이었다. 한 개인이 이처럼 어마어마한 '식물 도둑질'을 벌일 수 있었다니, 영국 정부의 조직적인 지원 없이는 불가능했을 일이다. 위컴은 동남아시아 영국 고무 농장 개발에 '혁혁한 공'을 세웠다는 이유로 빅토리아 여왕으로부터 작위를 수여받았다.

20세기 들어 늘어나는 고무 수요를 감당하기 어렵게 되자 합성고무를 만드는 연구가 시작된다. 1909년 독일 화학자 프리츠 호프만Fritz Hofmann의 연구팀은 합성고무 폴리아이소프렌을 만들어내는 데 성공했다. 하지만 폴리아이소프렌은 천연고무에 비해 질이 떨어지고 가격도 비싸 상업적으로 성공하지 못했다. 이듬해인 1910년 러시아 과학자 세르게이 바실리예비치 레베데프Sergey Vasilievich Lebedev가 폴리부타디엔이란 합성고무 원료를 개발했다. 미국에서도 1931년 클로로프렌을 이용해 합성고무를 만들었고, 1932년 듀폰DuPont사가 이를 상품화했다.

합성고무 기술은 제2차 세계대전이 결정적인 역할을 하면서 비약적으로 발전했다. 전쟁이 발발하자 프랭클린 루스벨트 미국 대통령은 고무 비상사태를 선포하고 민간 사용을 제한했다. 방수포, 장화, 방독면부터 고무보트, 전차, 전함 등에 이르기까지 고무는 없어서는 안 될 군수 물자였다. 영국, 프랑스가 식민지 동남아시아에서 생산되는 천연고무의 해외 수출을 통제하는 데다, 일본이 동남아시아를 장악하면서부터는 천연고무의 공급이 사실상 중단되면서 미국은 큰 난관에 부딪쳤다. 정부가 국민을 상대로 '고무 기부 캠페인'까지 벌였을 정도다. 미국 정부는 합성고무 개발과 대량생산 기술에 국력을 집중했다. 그 기세로 굿이어, US고무공업, 굿리치, 파이어스톤은 1942년 한 해 동안 합성고무 총 2,241톤을 생산했다. 최초 목표에 비해 열 배 정도 초과 달성한 것이다. 이후 고무 생산량은 크게 늘어 1945년에는 92만 톤에 이르게 된다.

앞서 보았듯이 고무는 흔히 쓰이는 고무줄과 지우개부터 자동차 타이어, 전함, 우주선에 이르기까지 쓰임새가 무궁무진하다. 1986년 1월 28일 세계를 경악시킨 미국 우주왕복선 챌린저Challenger호 폭발 사건의 비극도 다름 아닌 고무 때문이었다. 오랜 조사 끝에, 로켓 부스터의 압력 가스를 막는 고무 패킹 오링O Ring의 합성고무가 예상보다 추운 날씨에 탄성을 잃어 제 기능을 하지 못한 게 원인으로 드러났다. 오링 틈새로 새어나온 고온 고압 연료에 불이 붙어 연료 탱크 아래쪽에 있는 액체수소로 번졌고, 연료 탱크가 폭발하면서 챌린저호의 공중분해로 이어졌다. 고무의 탄성에 대한 이해 부족과 실수가 비행사 일곱 명의 목숨을 앗아가는 비극을 초래한 것이다.[3]

6 여성의 몸에 자유를 더해준 생리대

#존슨&존슨 #벤저민프랭클린 #메리케너
#아루나찰람무루가난탐 #탐폰 #깔창생리대

여성은 존재 이래 계속 생리를 했다. 아마도 현대식 일회용 생리대가 나오기 전에는 모든 여성이 그 뒤처리를 놓고 고민했을 것이다.

이미 고대에도 '생리대'를 언급한 문헌이 있었다고 한다. 4세기에 이집트 알렉산드리아에서 활동한 그리스의 여성 철학자이자 수학자인 히파티아Hypatia가 끈질기게 구애하는 남성을 쫓아버리기 위해 사용한 생리대를 집어던졌다는 일화가 있다.

전통적으로 여성들은 쓸모없어진 천을 잘라 접어서 생리대로 썼다. 요즘도 일회용 생리대에 들어간 화학약품을 꺼리는 이들은 천 생리대를 쓰곤 하는데, 그것이 일회용 생리대가 나오기 전에 쓰던 방식이다. 물자가 귀하던 시절에는 넝마나 버리는 천rag을 주로 썼기 때문에 지금도 영어에는 여기에서 유래한 표현이 남아 있다. 'on the rag', '생리 중'임을 표현하는 말이다.

최초의 일회용 생리대 '사우스올스 패드'

한 번 쓰고 버리는 생리대를 생각해낸 사람은 누구일까? 뜻밖에도 미국 건국의 아버지인 벤저민 프랭클린에게서 유래를 찾기도 한다. 앞서 바그다드 배터리를 설명하면서 소개한 그 사람이다. 그가 전쟁 터에서 군인들의 출혈을 막기 위해 일회용 패드를 고안했는데, 이것이 1888년 영국에서 상품화돼 '사우스올스 패드Southall's pad'라는 이름으로 출시됐다.[1] 미국에서는 같은 해에 '리스터스 타월Lister's Towels'이라는 비슷한 상품이 나왔고 제조사는 존슨 앤드 존슨Johnson&Johnson이었다.

하지만 초창기의 생리대는 값이 비쌌다. 사회 분위기도 문제였다. 경제적으로 넉넉한 여성도 상점에서 생리대를 터놓고 살 수가 없었다고 한다. 생리는 감추고 가려야 할 부끄러운 일이라는 인식 탓이었다. 그래서 상점에서 손님이 상자 안에 조용히 돈을 올려놓으면 점원들은 '생리대 주세요'라는 뜻으로 알고 상품을 건네주곤 했다. 독일 태생의 미국 기업가로 '광고의 아버지'라 불리는 앨버트 래스커Albert Lasker가 내놓은 묘안이었다.

하지만 인구 절반의 불편을 줄여주는 물건이 언제까지나 쉬쉬하는 상품으로 머물 리 없었다. 1956년 미국 여성 메리 케너Mary Kenner가 방수재가 든 생리대의 특허를 신청했다. 하지만 신청은 거부당했다. 이유는 단순했다. 케너가 흑인이었기 때문이다.[2] 여성의 역사 뒤에 숨겨진 흑인의 역사는 이렇게 겹겹이 포개진 차별을 보여준다.

그럼에도 방수재를 넣은 생리대는 널리 퍼져나갔다. 초창기의 생

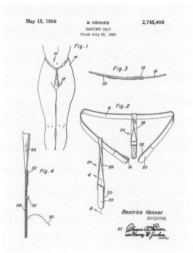

미국의 여성 발명가 메리 케너와 1956년 그가 고안해 특허를 신청했던 생리대 도면.

리대는 면 같은 천연 섬유를 사각형으로 잘라 만들었는데, 당시 여성들이 옷 속에 입던 가터벨트에 고정해야 해서 몹시 불편한 디자인이었다. 그러다가 생리대 뒤편에 접착용 띠를 붙여 속옷에 고정시키는 혁신이 일면서 악명 높던 '가터벨트용 생리대'는 사라졌다.

접착 띠가 붙은 상품이 나온 것은 1980년대 일이다. 그 전의 생리대는 두께가 2센티미터나 되면서도 흡수력이 좋지 않았다. 생리혈이 새어나오는 것도 문제였다. 여성이라면 다 아는 생리대의 '날개'가 이 시기에 탄생했다. 직사각형 생리대의 양옆에 날개를 붙여 속옷을 감싸게 한 것이다. 석유에서 추출한 폴리아크릴 젤 흡수제를 넣어 흡수 기능도 획기적으로 높였다. 덕택에 두께는 얇아졌고, 활동하기가 훨씬 편해졌다. 겉면 재질 역시 대부분 석유 화합물인 폴리프로필렌

Ladie's Doily Belt.

Made of Soft Sateen and Silk with Rubberband. An almost necessary article for ladies during their menstrual period for the convenience of attaching the napkin or pad. It is easily adjusted, and will not interfere with other Garments.

No. D2261   Each, with two cotton shields or pads 40c

Sanitary Napkins, Serviette.

No. D2262

No. D2261

Antiseptic and Absorbent pads, made from cotton gauze and bandage, rendered antiseptic. A convenient and healthy substitute for the old style napkin; highly recommended by all prominent medical authorities. Their cheapness, combined with their downy softness, absorbent and antiseptic properties, recommend them for regular use, and they are especially convenient and healthy when traveling.

No. D2262   Price, box of one doz.................|...............40c

1898년 미국 시어스로벅사의 광고 카탈로그에 실린 여성 생리대.

으로 바뀌었다. 흡수되는 부분을 제외한 나머지 부분에는 폴리에틸렌 필름을 입혀 생리혈이 새어나오지 않게 했다.

이 무렵부터 한국에서도 TV 광고에 생리대가 등장했고, 더 이상 생리대를 사는 것이 금기가 아니게 됐다. 그럼에도 한국에서는 2018년에야 생리대 광고에서 '생리'라는 용어를 쓰기 시작했으니, 이 문제를 둘러싼 사회적 금기가 얼마나 강했는지를 알 수 있다. 한국만 그런 게 아니었다. 세계 어느 나라에서건 광고에서는 생리혈을 붉은색이 아닌 파란 물감으로 표현하다가 2017년 전후에야 빨갛게 묘사하기 시작했다. 세계를 휩쓴 '#미투Me, Too' 물결과 함께 젠더 의식이 고조된 것과도 맥이 통한다.

가난한 여성을 위한 생리대

1980년대 이후 세계 대부분 지역에 생리대가 퍼졌지만 저개발국의 빈곤층에게 생리대는 여전히 매달 쓰기에는 너무 비싼 사치품이다. 국제 구호기구 월드비전은 2015년 '꽃들에게 희망을'이라는 이름으로 저개발국 여학생들에게 생리대를 후원하는 사업을 벌였다. 월드비전에 따르면 당시 위생용품이 없어 학교에 결석하는 여학생이 세계에 6억 명이나 됐다. 아프리카 여학생 열 명 중 한 명이 생리대 문제로 학교를 그만둔다는 통계도 있었다.[3]

인도의 아루나찰람 무루가난탐Arunachalam Muruganantham은 이 문제를 해결하기 위해, 시판 중인 생리대의 3분의 1 가격으로 생산할 수 있는 저가 생리대 기계를 만들어 인도 곳곳에 보급했다. 영국 BBC 방송은 이를 '인도의 생리대 혁명'이라 불렀고, 2014년 시사주간지 『타임』은 무루가난탐을 '세계의 영향력 있는 인물 100명' 명단에 올렸다.

무루가난탐은 인도 남쪽 끝 타밀나두의 작은 마을에서 태어나 가

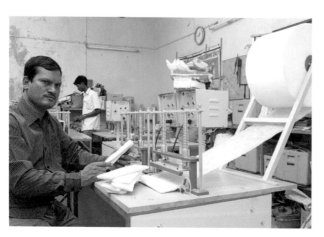

가난한 여성들을 위해 값싼 생리대를 생산해 공급하는 인도의 아루나찰람 무루가난탐.

난 때문에 열네 살에 학교를 그만두고 식품 공장 기계공으로 일했다. 1998년 결혼한 그는 아내가 못 쓰는 천은 물론이고 신문지까지 모아 생리대로 쓰는 걸 보고서야 기업들이 파는 생리대가 너무 비싸다는 것을 알게 됐다고 한다. 생리대의 원재료인 면값은 10루피에 불과한데 생리대라는 상품으로 둔갑하면 값이 40배로 뛰었다. 무루가난탐은 직접 면으로 패드를 만들어 건넸지만 아내와 누이들은 불편하다며 쓰지 않았다. 그가 동물 피를 몸에 바르고 스스로 생리대를 착용해보면서 품질을 개선했지만 가족들은 거부했다.

그래도 무루가난탐은 포기하지 않고 직접 만든 생리대를 지역 의과대학 여학생들에게 무료로 나눠주며 제품을 알리고 고쳐나갔다. 직접 기계를 고안해 만들고 뭄바이의 펄프 사업자에게 재료를 공급받아 인도의 자랑거리인 마드라스의 명문 인도공과대학IIT, Indian Institutes of Technology을 찾아가 기술을 배웠다. 마침내 상품이 호응을 얻으면서 그는 사회적 기업가로 이름을 얻기 시작했다. 여러 기업이 그의 생산 설비에 눈독을 들였지만 무루가난탐은 여성들의 자립을 돕는 풀뿌리 단체들에 기계를 공급하며 값싼 생리대를 계속 만들고 있다.[4]

인도에서는 무루가난탐뿐 아니라 뉴델리의 '군지Goonj'라는 단체를 비롯해 여러 여성 단체가 빈민들에게 저가 생리대를 공급하고 있다. 군지는 안슈 굽타Anshu Gupta가 1999년 창립한 단체로, 그는 2015년 '아시아의 노벨상'이라 불리는 막사이사이상을 수상했다. 이런 흐름을 받아들여 인도 정부가 저가 생리대 보급 운동에 나서기도 했다.

미국과 유럽 등에서는 비슷한 문제의식에서 생리대 면세 운동이 벌어졌다. 캠페인을 벌이는 사람들은 생리대에 붙은 부가가치세와 소비세 등을 '탐폰세', '월경세' 등으로 부르며 폐지를 촉구하고 있다. 이들은 생리는 원하지 않는다 해서 피할 수 있는 것이 아니며 생리대는 여성 인권과 관련된 필수품이라고 주장한다. 한 사람이 평균 잡아 30년, 생리에 들어가는 생리대 비용은 결코 적지 않다. 따라서 소비재에 붙는 세금과는 다른 세제를 적용해야 한다는 것이다.

이런 주장이 호응을 얻으면서 2000년대 중반 이후 케냐, 캐나다, 인도, 콜롬비아, 호주, 독일, 르완다, 아일랜드 등은 생리대의 세금을 없애거나 줄이기 시작했다. 프랑스, 스페인, 포르투갈, 네덜란드 등도 비슷한 조치를 취했다.

미국의 그레이스 맹Grace Meng 하원 의원은 '모두를 위한 생리의 평등'이라는 법안을 발의했다.[5] 학교, 수감 시설, 보호소는 물론이고 모든 연방정부 건물에 연방정부 기금으로 생리대를 비치해 여성들이 무료로 쓸 수 있게 하자는 것이었다. 법안은 아직 의회에서 통과되지 않았지만 지방정부들은 한걸음 앞서 나갔다. 뉴욕시는 이미 2016년 공립중·고교에 무료 탐폰·생리대 자판기를 설치하는 법안을 통과시켰다.

몇몇 나라와 지방정부도 이미 이런 정책을 실행에 옮기고 있다. 2019년 영국에서는 생리대가 없어서 월경 때 학교에 가지 않는 여학생 문제가 제기됐다. 일간지 『인디펜던트The Independent』의 보도에 따르면 생리대를 살 돈이 없어 결석한 학생이 연간 14만 명에 이르렀다.[6] 젊은 여성 네 명 중 한 명은 돈을 아끼느라 휴지나 탈지면을 쓰는 것으로 조사됐다. '생리 빈곤period poverty'이라는 말이 생겨났고, 결국 정부가 나서서 모든 학교에 생리대를 무상 비치하기로 결정했다.

한국은 어떨까? 영국에서 생리 빈곤 문제가 떠오른 것과 비슷한 시기, 2016년 한국에서도 '깔창 생리대'가 알려지면서 충격을 던졌다. 생리대가 없어 신발 깔창을 대용품으로 쓰는 실태가 대대적으로 보도된 것이다. 여학생들의 아픈 사정이 계기가 돼 '부끄러운 일', '내놓고 이야기하기 어려운 일'로만 여기던 생리 문제가 뉴스의 중심에 서며 공론화됐다. 몇몇 기업은 재빨리 포장을 줄인 '반값 생리대' 등을 내놨다. 서울시는 공공 기관에 무료 생리대를 비치하기 시작했고, 여주시의회 등 몇몇 지방의회는 생리대 무상 보급 조례를 채택했다.

생리대 속 화학물질은 안전할까?

2017년 한국에서는 한 기업의 생리대를 쓴 여성들이 생리 불순 등 부작용을 겪었다고 호소하면서 안전성 문제가 불거졌다. 안전 문제는 관리와 규제로 해결할 수 있을지 모르지만 생리대를 둘러싼 또 다른 근본적인 문제가 남는다. 바로 환경에 미치는 영향이다.

생리대는 화학물질로 이뤄져 있다. 안전 문제도, 환경 문제도 여기서 비롯된다. 미국의 한 조사에 따르면 2018년 한 해에만 미국에서 생리대 58억 개가 소비됐다. 여성 한 명이 평생 쓰는 생리대가 1만 개에 이른다는 추정치도 있다. 생리대는 고분자흡수재 같은 화학물질이 많이 사용되기도 하지만 접착 띠와 포장재 등에도 폴리프로필렌을 비롯해 썩지 않는 성분이 많이 들어간다. 여성들에게는 해방의

청신호인 생리대 성분들이 지구 환경에는 막대한 피해를 미치는 셈이다.

  역설적으로 일회용 생리대 보급에 앞장선 미국과 유럽에서는 환경을 파괴하고 건강에 해롭다는 이유로 면 생리대를 쓰는 사람이 늘고 있다. 한국에서도 생리대 발암물질 검출 논란 등으로 면 생리대를 쓰는 이들이 늘었다. 그러나 생리 주기와 지구를 화해시킬 편하고 안전한 방법을 찾는 일은 아직까지 과제로 남아 있다.

7 임신은 어떻게 '선택'이 되었나

#피임약 #여성호르몬 #질외사정 #사후피임법 #콘돔 #카사노바

1950년 어느 날 밤, 미국의 생물학자 그레고리 핑커스Gregory Pincus는
저녁 식사 자리에서 인생을 바꿔놓을 여성을 만났다. 여성의 이름은
마거릿 생어Margaret Sanger. 백발이 성성한 71세의 생어는 미국인이라
면 모르는 사람이 없는 '악명' 높은 여성이었다. 간호사 출신인 그녀
는 평생 동안 여성의 피임 권리를 주장하면서 숱한 고난 속에서도 산
아제한 운동을 펼쳐온 투사였다. 핑커스도 만만치는 않았다. 코넬대
학교와 하버드대학교에서 공부한 그는 1934년 토끼의 난세포를 체외
수정하는 데 성공해 '프랑켄슈타인'이란 비난을 받은 전력이 있었다.
　생어는 산아제한의 필요성을 언급하면서 핑커스에게 단도직입적
으로 물었다.
　"할 수 있을까요?"
　알약으로 피임할 수 있는 방법을 찾을 수 있겠냐는 말이었다. 이미

다른 과학자들에게도 같은 질문을 던졌지만 답변은 늘 회의적이었다. 만의 하나 과학적으로 성공한다 하더라도, 제약회사가 법적 제한에 맞서 피임약을 출시할 리 없다는 게 학자들의 주장이었다.

핑커스의 반응은 달랐다. 생어의 제안을 받은 그는 매사추세츠주 슈러스버리에 있는 자신의 연구소 '실험적 생물학을 위한 우스터 재단Worcester Foundation for Experimental Biology' 사무실로 달려가 동료 연구원인 장밍줴張明覺 박사를 만났다. 그는 "방금 생어 여사를 만났는데, 피임약 개발에 관심이 크더라. 주사나 바르는 젤리, 여성의 성기에 도구를 삽입하는 방식이 아니라 먹는 알약이어야 한다"고 말했다.

양 창자 콘돔부터 경구피임약까지

핑커스와 장 박사는 토끼에게 성호르몬 프로게스테론을 주입하면 배란을 막을 수 있다는 사실을 알고 있었다. 프로게스테론은 주로 난소에서 배란 후 만들어지며, 생리 주기와 임신 유지에 중요한 역할을 한다. 여성의 몸은 임신을 하면 배란을 멈추는데, 여성 호르몬 프로게스테론과 에스트로겐의 농도가 높으면 난자의 성숙과 배란이 억제된다.

토끼를 대상으로 한 이 실험에서 최초로 성공한 사람은 오스트리아 생물학자 루트비히 하벌란트Ludwig Haberlandt였다. 그는 1921년 임신한 암토끼의 난소를 다른 암컷 토끼에 이식, 호르몬을 조절하는 방법으로 피임이 가능하다는 것을 증명해보였다. 하벌란트는 1931년 펴낸 연구서에서 "여성을 일시적으로 호르몬 불임이 되도록 만드는 방법은 의문의 여지없이 인류 사회에 엄청난 기여를 할 것"이라고 밝혔다. 하지만 이토록 선구적인 연구는 1932년 하벌란트가 급작스럽게 사망하면서 중단되다시피 했다.

펑커스와 장 박사는 여성의 몸이 자연적인 피임 메커니즘을 가지고 있다는 데 주목했고, 이를 기반으로 경구피임약을 개발할 수 있을 것으로 예상했다.

문제는 동물이 아닌 인간 여성을 대상으로 프로게스테론 주입 실험을 벌이기가 쉽지 않다는 점이었다. 법적 제약뿐만 아니라 돈도 문제였다. 프로게스테론을 얻는 데는 돈이 많이 들었다. 이에 생어는 펑커스를 돕기 위해 부유한 사업가의 아내이자 생물학도 출신인 캐서린 매코믹Catherine McCormick에게 SOS 신호를 보냈다. 생어의 든든한 후원자 매코믹은 피임약 개발에 선뜻 200만 달러를 내놓았다. 지금의 화폐가치로는 약 2,000만 달러에 달하는 막대한 금액이었다.

펑커스 연구팀은 1943년 펜실베이니아 주립대학교의 러셀 마커 Russell Marker 교수가 멕시코의 열대식물 얌을 이용해 프로게스테론을 합성하는 방법을 발견한 데 주목했다. 1951년에는 오스트리아 출신의 미국 화학자 칼 제라시Carl Djerassi가 스테로이드 연구를 하면서 프로게스테론의 유사체인 노르에티스테론을 합성하는 데 성공했다.

펑커스는 여러 연구 성과를 기반으로 1954년 메스트라놀(에스트로겐)과 노르에티노드렐(프로게스틴)을 주성분으로 하는 피임약을 개발했다. 1956년에는 임상 시험을 단행했고, 1960년에는 마침내 미국 식품의약국FDA, Food and Drug Administration의 공식 인정을 받아 '에노비드

Enovid 10'이라는 피임약을 출시했다. 드디어 여성들이 원치 않는 임신의 공포에서 벗어나게 된 것이다. 이는 여성의 사회 활동 확대와 의식 변화, 나아가 사회구조 변화로 이어졌다. 경구피임약이 '20세기 최고의 발명', '인류 역사를 바꾼 발명' 중 하나로 꼽히는 이유다.

성서가 권한 질외 사정

피임의 역사는 수천 년 전으로 거슬러 올라간다. 미국 필라델피아 박물관이 소장한 '카훈 파피루스Kahun(Lahun) Papyrus'1에는 이집트에서 오래전부터 전해 내려오는 부인과 치료술이 기록되어 있다. 기원전 1800년쯤 작성된 것으로 추정되는 이 파피루스는 영국의 이집트학자 플린더스 피트리Flinders Petrie가 1889년 이집트의 파이윰에서 발굴했다. 특히 눈길을 끄는 부분이 바로 피임법. 아카시아 나무 진액 등을 여성의 질 속에 넣으면 임신을 피할 수 있다는 것이다.

독일 라이프치히대학교 박물관에 있는 '에베르스 파피루스Ebers Papyrus'2에도 비슷한 내용이 나온다. 1873년경 이집트 룩소르에서 이 파피루스를 입수해 유럽으로 가져온 독일인 이집트학자 게오르크 에베르스Georg Ebers의 이름을 따 '에베르스 파피루스'로 불리는 문서인데, 약 20미터 길이의 이 두루마리는 기원전 1550년경의 것으로 추정된다. 여기엔 "수태를 막으려면 대추와 아카시아 잎사귀 반죽, 꿀을 바른 양털을 질에 넣는다"라고 적혀 있다. 악어의 똥이나 코끼리 똥을 살정제로 사용하라는 대목도 있다. 이런 방법들이 임신을 피하는

고대 이집트의 의학 지식이 적힌 에베르스 파피루스. 민간요법은 물론 질병을 퇴치하는 주문 등 700여 가지 정보가 담겨 있다.

데 효과가 있는지 여부와는 상관없이 수천 년 전 이집트에 이미 '피임'의 개념이 존재했던 것이다.

가장 고전적인 피임법은 성서 「창세기」에도 등장하는 질외 사정이다. 유다의 아들 오난은 형 엘이 사망한 후 유대인의 풍습대로 홀로 남은 형수와 결혼한다. 하지만 형의 자손을 낳지 않기 위해 아내와 성관계를 할 때 체외 사정을 하다가 하나님의 분노를 사 죽고 만다.[3] 이에 따라 오난은 자위 또는 마스터베이션의 대명사가 됐다.

고대 그리스와 근동 지역에서는 북아프리카에 자생했던 식물 실피움Silphium이 피임에 효과가 있다는 믿음이 퍼져 임신을 피하려는 여성들이 많이 먹었다고 한다. 석류, 박하, 쑥 등을 살정제로 썼다는 기록도 있다. 철학자 아리스토텔레스는 성교 전 질 안에 삼나무 기름을 바르면 임신을 막을 수 있다고 주장했다. 의학자 히포크라테스는 성교 후에 질 안을 씻어내는 피임법을 권하기도 했다. 9~10세기 페르시아 의사 무하마드 이븐 자카리야 알 라지Muhammad Zakariya al Razi는 피임법으로 질외 사정, 코끼리 똥과 양배추 등으로 만든 좌약 사용을 주장했고, 비슷한 시기의 또다른 의사 알리 이븐 알 아바스Ali Ibn al Abbas al Majusi는 암염으로 만든 좌약을 질에 넣어 임신을 막는 방법을 문서에 기록해놓았다.[4]

콘돔을 사랑한 국왕과 호색한

콘돔의 역사도 길다. 이집트와 그리스, 로마 시대에는 동물의 내장을 사용했다고 한다. 양의 창자와 물고기 껍질, 붕어의 부레, 동물 가죽, 거북의 등껍질 등을 썼다. 중국에서는 기름을 바른 비단이나 염소 내장으로 귀두용 콘돔을 만들었다. 르네상스 시대에는 아마포로 만든 콘돔이 등장했다.[5]

물고기 부레로 만든 콘돔. 20세기 초반에 만들어진 것으로, 2019년 오스트리아의 빈에서 경매에 나왔다.

콘돔은 당초 피임보다는 성병을 막는 용도로 더 많이 쓰인 것으로 보인다. 16세기 이탈리아 의사 가브리엘레 팔로피오Gabriele Falloppio는 논문에서 매독의 심각성과 콘돔 사용법에 관해 기술했다. 유럽에서 매독이 크게 번진 것은 1490년쯤이었다. 매독은 감염되면 몇 개월 안에 죽을 수도 있는 치명적인 병이었다. 팔로피오는 매독 감염을 막으려면 성관계를 하기 전 약물을 묻혀 말린 천으로 귀두를 감싼 다음 리본으로 묶으라고 권했다. 그는 남성 1,100명을 상대로 자신의 발명품이 성병을 막는 데 효과가 있는지 실험을 진행했고, 만족스러운 결과를 얻었다고 주장하기도 했다.

콘돔이 유럽에서 피임 기구로 쓰였다는 사실은 1605년 가톨릭 교리학자 레오나르두스 레시우스Leonardus Lessius가 쓴 「정의와 법에 관하여On Justice and Law」란 글로 확인된다. 그는 남성들이 콘돔을 성병 예방이란 당초 목적과 달리 피임용으로 사용하고 있다며 이는 비도덕적인 행동이라고 주장했다. 1666년 영국의 문건에는 최근 출산율이 하락하고 있으며, 이는 '콘돈condon' 때문이라는 지적이 등장한다. 콘돔을 의미하는 단어 '콘돈'이 영국 공문서에 등장한 것은 이때가 처음이었다.

18세기 이탈리아의 호색한 자코모 카사노바Giacomo Casanova는 자칭 콘돔 애호가였다. 그는 자서전에서 젊은 시절엔 콘돔 사용에 부정적이었지만, 질병과 임신의 위험으로부터 자신을 보호할 수 있다는 것을 깨닫고 점차 애용하게 됐다고 밝혔다. 콘돔을 사용하기 전에는 새는 곳이 없는지 확인하라는 조언도 잊지 않았다. 당시 유럽 대도시에서는 술집, 이발소, 약국, 시장 등에서 콘돔을 구할 수 있었다. 다만 가격이 비싸 중상류층 남성들의 전유물이나 다름없었다.

콘돔은 19세기에 들어서야 대중화된다. 1855년 세계 최초로 생산된 고무 콘돔 제품이 결정적인 역할을 했다. 영국 극작가 조지 버나드 쇼는 콘돔을 "19세기 최고의 발명품"[6]으로 극찬했다. 20세기 중반에는 얇고 탄성이 뛰어난 라텍스 콘돔이 등장했고, 여성의 질 전체를 감싸는 콘돔도 발명됐다. 2020년 전 세계 콘돔 시장은 82억 달러 규모에 달한다.[7]

콘돔이란 단어가 어떻게 등장했는지는 확실하지 않다. 17세기 중후반 영국을 통치한 바람둥이 국왕 찰스 2세를 위해 콘돔을 발명한 주치의의 이름을 땄다는 주장이 있지만 이는 확인되지 않은 '설'에 불과하다. 당시 궁정에 콘돔 또는 콘돈이란 사람이 있었다는 기록은 없다. 팔로피오의 16세기 기록에서 보듯, 유럽에서 콘돔은 찰스 2세 재위 100여 년 전부터 존재했다. 다만 라틴어에서 어원을 유추해 볼 수는 있다. 라틴어에는 그릇을 뜻하는 '콘돈', 집이란 의미의 '콘다미나condamina', 칼집 또는 통을 뜻하는 '쿰둠cumdum'이란 단어가 있다. 이런 단어들이 세월이 흐르면서 '콘돔'으로 변형됐을 가능성이 있다. 이탈리아어로 장갑을 뜻하는 '관토네guantone'에서 유래했다는 주장도 있다.

현대에는 경구피임약과 콘돔이 가장 대중적인 피임법이지만, 남성의 고환에서 생성된 정자가 통과하는 정관을 묶거나 끊어주는 정관수술, 여성의 배란을 억제하는 황체호르몬을 매일 일정량 배출하는 장치를 피부 밑에 삽입하는 피하 이식제도 사용되고 있다. 성관계 이후 임신을 막는 '사후 피임약'도 있다. 프로게스테론 유사 물질인 레보노게스트렐을 한꺼번에 다량 투여해 자궁 내 점액의 점도를 높여 수정난이 자궁 점막에 안착하지 못하게 만드는 것이 사후 피임약의 원리다. 미국 등 60여 개국에서 일반 의약품으로 구입할 수 있지만, 우리나라에서는 전문 의약품으로 분류돼 의사의 처방을 받아야만 살 수 있다.

8 바코드, 줄무늬에 정보를 담다

#코로나19 #바코드 #QR코드 #전자공학과 #모스부호
#월마트 #스마트폰 #피싱범죄

'삑!'

1974년 6월 26일 오전 8시를 조금 지난 시각, 미국 오하이오주 트로이에 있는 마시Marsh 슈퍼마켓 계산대에서 기계음이 울려퍼졌다. 마트 직원 샤론 뷰캐넌Sharon Buchanan이 '리글리스 주시 프루트 껌Wrigley's Juicy Fruit Gum' 열 개들이 한 팩에 붙은 검은 줄무늬 스티커를 계산대 스캐너에 통과시킨 순간이었다. 한 해 전 미국 슈퍼마켓특별위원회가 표준 바코드인 세계상품코드UPC, Universal Product Code를 식료품 업계 표준으로 승인하고 약 1년 만에 드디어 매장에서 실제로 사용하게 된 것이었다. 버나드 실버Bernard Silver와 노먼 우들런드Norman Woodland가 바코드 개발을 시작한 지 26년, 특허권을 얻고 22년 만이었다.[1]

마시 슈퍼마켓에 울려퍼진 '삑' 소리는 미국은 물론 전 세계에 바

1974년 마시 슈퍼마켓에서 직원 뷰 캐넌이 상품 바코드를 스캔하고 있다. '바코드 계산 첫 번째 상품'으로 기록된 이 껌은 워싱턴의 스미스소니언 박물관에 소장돼 있다.

코드의 실용화를 알린 동시에 유통업 대혁명의 시작을 알렸다. 마시 슈퍼마켓이 첫 바코드 실용화 점포로 선정된 데는 이유가 있었다. 스캐너와 계산기를 생산하는 내셔널 캐시 레지스터National Cash Register사가 오하이오주에 있었던 데다, 저울 등을 생산하는 호바트 코퍼레이션Hobart Corporation의 본사도 트로이에 있었기 때문이다. 슈퍼마켓 운영에 필수 기술을 제공하는 두 회사의 협력 덕에 마시 슈퍼마켓이 '바코드 1호점'이 된 것이다.

마시 슈퍼마켓 직원들은 6월 25일 영업이 끝난 후 밤을 새다시피 해 수많은 상품에 바코드 스티커를 붙였고, 다음 날 아침 개장하자마자 직원인 클라이드 도슨Clyde Dawson이 테스트용으로 집어든 껌이 바코드 1호 상품으로 역사에 기록됐다. 도슨이 껌을 선택한 이유는 작은 물건에도 바코드를 붙여 신속하게 계산할 수 있다는 점을 보여주기 위해서였다고 한다.

줄무늬로 변신한 모스 부호

코로나19로 우리의 일상에서 빼놓을 수 없는 자리를 차지한 것이 있다. 하나는 마스크, 두 번째는 QR 코드다. 식당이나 커피숍, 관공서나 극장 등에 들어갈 때 하루에도 몇 번씩 휴대전화 화면의 QR 코드를 감지기에 대고 '삑' 소리가 나야 입장하는 게 당연해졌다. QR는 '신속 대응'이란 뜻의 'Quick Response'의 약칭으로, 1994년 일본 덴소사가 처음 개발한 2차원 바코드다. 줄무늬로 된 바코드와 달리 QR 코드는 사각형 안에 방대한 정보를 담을 수 있다는 게 최대 장점이다. 바코드가 가로 방향, 즉 1차원으로만 정보를 담는 것에 비해 QR 코드에는 세로와 가로 2차원으로 정보를 담을 수 있다.

QR 코드의 어머니 격인 바코드는 어떻게 만들어졌을까?

1948년, 버나드 실버는 미국 필라델피아의 드렉셀대학교 대학원 전자공학과에 다니고 있었다. 어느 날 그는 우연히 동네 식품점 주인이 제품값을 빨리 계산할 방법을 찾는다는 말을 들었다. 이 말에 친구 노먼 우들런드와 함께 연구를 시작했고, 1952년 바코드 발명 특허를 받았다.

바코드의 줄무늬 모양은, 우들런드가 모스 부호를 상품 계산에 이용할 방법을 찾던 중 바닷가 모래밭에 앉아 손가락으로 장난 삼아 줄을 긋다가 영감을 얻은 것으로 알려졌다. 우들런드는 인터뷰에서 이렇게 말한 적이 있다.

"모래 장난을 하면서 (모스 부호의) 점과 줄을 골똘히 생각하고 있었다. 무심코 모래 속에 찔러넣었던 손을 뺐는데 모래 위에 줄 네 개

RCA가 만든 초창기의 원형 바코드. 신시내티의 크로거 켄우드 플라자에 진열된 통조림이다.

가 생겼다. 그때 생각했다. '와! 줄이 네 개네. 점과 줄을 굵은 줄과 가는 줄로 바꿀 수 있겠는데?'"[2]

두 사람이 만든 최초의 바코드는 오늘날과 같은 직사각형이 아니라 원형이었다. 어떤 방향에서도 인식하게 만들기 위해서였다. 마치 과녁처럼 굵고 가는 선 여러 개로 이뤄진 둥근 모양이 황소의 눈을 닮았다고 해서, 이 바코드는 '황소의 눈Bull's eye'으로 불렸다.

실버와 우들런드는 자외선 잉크로 고유의 부호를 가진 원형 바코드를 만들었고, 500와트짜리 백열등을 이용해 굵고 가는 검은 선과 흰 면의 빛 반사를 전기적 파동으로 바꿔주는 진공관 스캐너를 만들었다. 이 장치는 크기가 책상만 했다. 실험 과정에서 백열등이 너무 뜨거워 바코드 종이가 타버리는 일도 종종 벌어졌다. 자외선 잉크가 번지면서 오류가 발생하기도 했다.

시행착오 끝에 실버와 우들런드는 1949년 바코드 특허권을 신청했다. 특허의 이름은 '분류 기구와 방법Classifying Apparatus and Method'. 1952년 10월 7일, 두 사람은 바코드 기술의 특허 권리를 법적으로 인정받았다. 그러나 바코드가 실용화되기까지는 아직 해결해야 할 과제가 많았다.

무엇보다 당시엔 컴퓨터 시스템이 일반화되지 않은 상태였다. 1962년, 결국 실버와 우들런드는 1만 5,000달러란 헐값에 필코Philco사에 특허권을 팔았다. 필코는 TV와 진공관을 생산하는 회사였다. 그리고 특허권은 또다시 RCA사로 넘어간다. 같은 해, 불행하게도 실버는 39세 나이에 교통사고로 사망했다. 1960년대 말, 미국에서 레이저 스캐너 기술이 개발되면서 바코드는 실용화를 눈앞에 두게 된다.[3] 1972년에는 IBM의 조지 로러George Laurer가 실버와 우들런드의 바코드를 기반으로 오늘날과 같은 좁고 긴 막대 형태의 바코드를 만들어 냈다.[4]

대형 마트와 바코드의 운명적 만남

1973년 미국 슈퍼마켓특별위원회는 로러의 바코드를 표준으로 한 세계상품코드를 공식 도입했다. 유럽에서도 1976년 말 열세 자리로 된 EANEuropean Article Number 코드와 심벌을 채택했다. 한국은 1988년 EAN 국가 코드 880번을 부여받아 바코드를 쓰기 시작했다.

바코드는 0에서 9까지의 숫자를 기호로 나타낸 검은 줄과 흰 여백 그리고 열세 자리의 숫자로 이뤄진다. 데이터 처리가 쉽도록 0과 1의 2진 코드로 만든 직렬 신호의 조합을 선의 명암과 굵기로 표현한다. 스캐너로 빛을 주사하면 흑색 선은 반사율이 적고 흰 여백은 반사율이 높게 나타나는 원리를 이용한 것이다. 숫자 열세 개 중 처음 세 개인 '880'은 한국 등의 국적, 다음 네 개는 제조업자, 그다음 다섯 개는 상품을 나타내는 고유 번호다.

앞에서 언급했듯이 바코드가 등장한 데는 20세기 소비 사회의 꽃으로 불리는 대형 마트가 결정적인 역할을 했다. 세계 최초의 슈퍼마켓은 1916년 테네시주 멤피스에 문을 연 피글리 위글리Piggly Wiggly였다. 이 상점은 진열된 상품을 손님이 직접 계산대로 가져와 계산하는 '셀프서비스' 방식으로 운영됐다. 이전까지 미국 상점에서는 손님이 원하는 물건을 주인이나 직원이 계산대로 가져와 계산을 한 다음 내주는 게 일반적이었다. 따라서 '셀프서비스'는 그야말로 파격적인 구매 방식이었다.

오늘날처럼 규모가 큰 슈퍼마켓은 1930년 8월 4일 미국 뉴욕에서 처음 등장했다. 마이클 컬런Michael Cullen이 뉴욕 중심가와 떨어진 곳에 대형 식료품점을 열었다. 가게 이름은 '킹 컬런King Kullen'. 560제곱미터의 빈 창고를 개조해 만든 이 가게의 슬로건은 '높이 쌓아 싸게 팔라Pile it high, Sell it low'였다. 상품을 대량 확보해 많은 고객에게 싸게 파는 '박리다매' 전략이었던 셈이다.

킹 컬런은 손님들이 가게에 비치된 작은 수레를 밀고 다니며 직접 물건을 담아 계산대로 가져오도록 했다. 킹 컬런의 전략이 성공하자 크로거Kroger, 세이프웨이Safeway 등 기존 식료품 체인 회사들이 슈퍼마켓 시스템을 도입했고, 특히 크로거는 처음으로 대형 주차장을 설치해 손님들이 차를 타고 먼 곳에서 찾아올 수 있도록 했다.

제2차 세계대전 이후 자동차가 더욱 보급되면서 미국은 물론 캐나다에도 대형 슈퍼마켓 체인이 속속 들어섰다. 특히 미국에서는 1962년 7월 2일 샘 월튼Sam Walton이 아칸소주 서북부의 작은 도시 로저스

에 잡화점을 개점한 것을 시작으로 '월마트 스토어스Walmart Stores'를
세워 세계 최대 슈퍼마켓 기업으로 성장시켰다. 슈퍼마켓의 발전에
바코드가 막대한 기여를 했음은 물론이다.

스마트폰 시대와 QR 코드

스마트폰의 대중화는 QR 코드의 발전을 가져왔다.[5] QR 코드 인식
기능을 탑재한 스마트폰으로 손쉽게 이용하게 되면서 비즈니스와 일
상생활에서 빼놓을 수 없는 존재가 된 것이다. 특히 QR 코드는 공개
코드이기 때문에 전 세계 누구나 무료로 이용하고 있다.

QR 코드는 1,167자리 숫자까지 취급할 수 있는 모델 1과 7,089자
리의 모델 2가 있고, 4만 자리 숫자를 취급하는 iQR 코드, 위치 정보
를 단순화한 마이크로 QR 코드, 데이터 인식 제한 기능을 가미해 정
보 보호를 강화한 SQRC, 사각형 안에 문자나 그림을 넣을 수 있는
프레임 QR 코드 등으로 다양하게 발전했다. 숫자와 알파벳뿐만 아니
라 한자도 저장할 수 있고, 비교적 용량이 작은 동영상까지 담을 수
있다.

QR 코드는 위치 찾기 패턴과 얼라인먼트 패턴, 셀 패턴으로 구성
된다. 모든 QR 코드의 세 모서리에 크게 자리 잡은 사각형이 위치 찾
기 패턴이다. 이 패턴은 QR 코드의 위치를 정확하게 파악, 정보 탐색
이 빨라지도록 만드는 나침반 기능을 한다. 얼라인먼트 패턴은 QR
코드가 파손되더라도 정보를 인식할 수 있게 하며, 셀 패턴은 흑백 점
과 흰 여백을 통해 데이터를 저장하는 일을 한다. 빛의 흡수와 반사를

1차원 바코드

정보 없음

8 801234 543125
국가 코드　　제조 업체　　상품 코드 검증

정보 표현

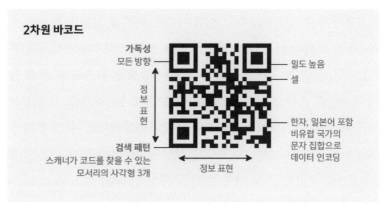

2차원 바코드

가독성
모든 방향

정보
표현

검색 패턴
스캐너가 코드를 찾을 수 있는
모서리의 사각형 3개

밀도 높음

셀

한자, 일본어 포함
비유럽 국가의
문자 집합으로
데이터 인코딩

정보 표현

바코드와 QR 코드는 상품 제조, 유통, 판매와 재고 관리 외에도 병원, 도서관, 철도나 항공의 여객·화물 관리, 공장·사무 자동화 등 대량의 데이터를 빠르고 정확하게 처리해야 하는 곳이라면 어디서나 쓰인다.

감지하는 적외선 센서로 QR 코드에 담긴 정보를 읽어낸다는 점은 바코드 원리와 똑같다. 무늬가 검은색이냐 흰색이냐에 따라서 컴퓨터 2진법 수로 표현되는 '0'과 '1'을 구분하는 방식도 바코드와 같다.

QR 코드는 바코드에 비해 정보를 많이 저장한다는 것이 최대 장점이지만 악성 코드 등을 담아 범죄에 악용되는 경우도 적지 않다. 스마트폰으로 은행 거래를 하는 이용자들에게서 QR 코드로 돈을 빼돌리는 이른바 '큐싱'이 국내에서 발생하기도 했다.[6] '큐싱'이란 QR의 '큐'와 '피싱phishing 사기'의 '싱'을 합친 신조어다. '큐싱'이란 사용자가 정상적인 금융 사이트에 접속을 하더라도 가짜 사이트로 연결시켜 추가 인증이 필요한 것처럼 QR 코드를 보여준 뒤 악성 앱을 설치하게 만드는 범죄다. 앱을 통해서 보안 카드 등 정보를 탈취하고 문자메시지 수신 방해나 착신 전환 서비스 설정 등 모바일 환경을 조작해서 결제와 자금 이체 등을 유도한다. 또 문자메시지를 받고 웹사이트에 접속했다가 본인도 모르게 큰돈이 결제되는 '스미싱' 피해 사례도 많다.[7] '스미싱'은 휴대전화의 단문 메시지를 이용해서 개인 정보를 빼내거나 금전을 탈취하는 금융 사기로 'SMS'와 '피싱'의 합성어다.

II

그곳에선 무슨 일이 일어났을까

9 산호초에 버섯구름이 솟았다

#무루로아환초 #세계대전 #맨해튼프로젝트 #냉전시대
#포괄적핵실험금지조약 #비키니섬 #나가사키원자폭탄

1966년 7월 2일, 무루로아Mururoa 환초가 산산조각 났다. 믿기
힘들 정도로 엄청난 폭발과 함께. 몇 초 만에 열대의 파란 하늘
은 오렌지빛 섬광으로 물들었고 방사성 버섯구름이 대기로 치
솟았다. 평화롭던 석호는 격렬하게 들끓고 백사장의 코코넛 나
무들은 폭발의 위력에 휘고 말았다.[1]

1966년의 그날, 프랑스는 무루로아 환초에서 대기 중 핵실험을 했다.
위에 옮겨놓은 것은 뉴질랜드 환경 단체 '아오테아로아 평화운동Peace
Movement Aotearoa'이 그날의 풍경을 재구성해 2020년 페이스북에 올린
글이다. 이 실험을 보고 당시 프랑스 대통령 샤를 드골Charles de Gaulle
은 "아름답다"고 말했다고 한다.

50년 만에 공개된 「무루로아 파일」

무루로아는 프랑스령 폴리네시아의 환초다. 폴리네시아 사람들이 아오푸니라고도 부르는 이 산호섬은 타히티섬에서 1,250킬로미터 떨어진 남태평양의 투아모투 군도에 속한다. 프랑스가 환초와 주변 섬들을 자기네 땅으로 만든 뒤 첫 핵실험을 한 것이 그날이었다. 폴리네시아인들은 말할 것도 없고 세계가 비판을 쏟아냈지만 프랑스는 이 섬에서 1996년까지 핵실험을 했다. 무루로아와 그 옆 팡가타우파 환초 등에서 실시한 핵폭발이 193회에 이른다.

폴리네시아 사람들은 물론 타히티 등 태평양 섬 사람들은 지금

남태평양에 있는 프랑스령 산호섬 무루로아.

도 핵실험의 후유증에 시달리고 있다. 프랑스는 그 피해를 숨기기에 급급했다. 2021년 3월 9일 프랑스 학자들과 독립 언론 디스클로즈Disclose, 미국 프린스턴대학교, 영국의 환경 관련 연구 기업 인터프리트Interprt 등은 프랑스군이 기밀 해제한 문서 2,000여 건과 현지 주민들의 증언, 학자들의 추산 등을 종합하는 2년여의 작업을 통해 피해 상황을 파악한 「무루로아 파일MORUROA FILES」을 인터넷에 공개했다.[2]

결과는 충격적이었다. 무려 11만 명이 방사능에 노출돼 건강을 잃은 것으로 드러났다. 폭발 당시에는 그 일대에 거주하던 이들 '거의 모두'가 피해를 면치 못했다. 그동안 프랑스군과 정부가 관련 자료를 공개한 적은 있지만 태평양 핵실험의 규모와 파괴력, 주민들에게 미친 영향을 포괄적으로 조사한 독립된 연구 보고서는 처음이었다. 이런 조사가 이뤄지기까지 50년 넘는 세월이 걸린 것이다.

특히 1966년부터 1974년 사이에 핵실험이 벌어졌고 피해도 컸다. 조사단은 1966년의 알데바란Aldébaran 실험, 1971년의 엔셀라드Encelade 실험, 1974년의 센토르Centaure 실험 등 세 차례 핵실험을 집중적으로 조사했다. 1974년 7월 17일 벌어진 프랑스군의 마흔한 번째 핵실험 센토르는 그야말로 재앙이었다. 타히티섬의 주요 도시 파피티에 거주하던 8만 명을 비롯해 당시 폴리네시아에 살던 주민 11만 명이 고스란히 방사능에 노출됐다. 프랑스 원자력위원회CEA가 2006년 발표한 피해 상황보다 실제로는 2~10배 심각했던 것으로 드러났다.

인류 역사상 첫 번째 핵실험은 제2차 세계대전이 막바지로 치닫던 1945년 7월 16일 실시됐다. '맨해튼 프로젝트'로 핵폭탄 개발에 거의 성공한 미국은 '트리니티Trinity'라는 암호명으로 뉴멕시코의 앨라모고도 부근 사막에서 폭발 실험을 했다. 맨해튼 프로젝트의 결과물은 일본 히로시마와 나가사키를 강타한 핵폭탄, 그리고 제2차 세계대전의 종전이었다. 소련이 1949년 8월 29일 첫 핵폭탄 RDS-1을 개발하기 전까지 미국은 여섯 차례에 걸쳐 핵실험을 하며 냉전 시대의 핵 경쟁에서 초반부터 앞서나갔다. 미국은 주로 서부와 남서부 사막과 태평양의 미국령 섬인 마셜제도 등에서 핵실험을 했다.

소련의 주요 핵실험 무대는 노바야젬랴 일대였다. 미국『워싱턴포스트』출신의 저널리스트 마이클 돕스Michael Dobbs는 저서『1962』에 이렇게 적었다.

"미국 메인주 크기의 맹장 모양 군도인 노바야젬랴는 대기권 내 핵실험을 하기에는 완벽한 장소였다. 1955년 이후 에스키모 원주민 536명을 본토에 재정착시켰고 그 자리를 군인, 과학자, 건설 노동자들이 차지했다."[3]

핵실험에 무너진 원주민들의 삶

핵무기 체제는 지구 곳곳에서 소수민족을 그들의 땅으로부터 몰아내는 방식으로 쌓아올려졌다. 그 뒤에는 제국주의와 전체주의의 그림자가 드리워 있었다. 무루로아의 비극은 그런 역사와 이어지는 것이다. 미국과 소련은 주로 주민이 적거나 거의 없는 지역에서 핵실험을 한 데 비해, 프랑스는 무루로아 주변에서 주민들의 삶을 고스란히 파괴해가며 진행했다는 차이가 있을 뿐이다.

냉전의 장벽이 굳어지고 핵무기 경쟁이 격화되면서 핵실험 또한 계속됐다. 비판이 없었던 것은 아니다. 노벨 평화상을 받은 소련의 물리학자 안드레이 사하로프Andrei Sakharov는 대기권 내 핵실험을 '끔찍한 범죄'라 불렀고, 미국에서도 '맨해튼 프로젝트의 아버지' 격인 로버트 오펜하이머Robert Oppenheimer 등을 비롯해 수많은 사람이 반핵운동에 나섰다. 그러나 1950~1960년대 내내 미국과 소련은 핵 경쟁을 계속했다. 특히 미국이 1954년 3월 1일 태평양의 비키니 환초에서 벌인 '캐슬 브라보Castle Bravo' 핵실험, 소련이 1961년 실시한 '차르 봄바Tsar Bomba' 핵실험 등은 규모와 대기오염 면에서 압도적이었다.

소련의 차르 봄바에 미국은 1962년 잠수함에서 핵탄두 장착 미사일을 발사하는 '도미닉 작전Operation Dominic'으로 응수했다. 인류를 절멸로 몰고 갈 수도 있는 두 나라의 경쟁에 세계의 비판과 압력이 작용하면서 1963년 부분적인 핵실험 금지 조약이 만들어졌으나, 오히려 프랑스, 중국, 인도, 파키스탄, 남아프리카공화국, 이스라엘 등이 핵 경쟁에 가세하면서 피해는 줄어들 줄 몰랐다. 마침내 '포괄적 핵실험 금지 조약'을 맺은 것은 냉전이 끝난 뒤인 1996년에 이르러서였다.

핵실험으로 곳곳에서 방사능 피해자들이 생겨났다. 그 대표적인 곳이 마셜제도의 환초인 비키니다. 제2차 세계대전 뒤 미 해군은 핵무기 실험 장소를 물색했는데, 한때는 에콰도르의 갈라파고스섬까지 후보지로 검토했다고 한다. 하지만 찰스 다윈의 진화론 연구로 너무 유명한 섬이라 비키니를 대신 택했다는 일화가 전한다. 비키니를 고른 미 해군은 1946년 이 섬 주민들을 이웃한 롱게리크 환초로 강제 이주시켰다.

노바야젬랴
대기 핵실험 88회(1967~1962)
수중 핵실험 3회(1955~1961)
지하 핵실험 133회(1964~1990)

세미팔라틴스크 실험 지
대기 핵실험 122회(1949~
지하 핵실험 497회(1961~

오렌부르크
대기 핵실험 1회(1954)

소련 각지
○ 지하 핵실험 127회(1965~19

미사일 실험장
대기 핵실험 11회(1956~1962)

롭누르
대기 핵실험 26회(1964~1980)
지하 핵실험 22회(1969~1996)

북한
지하 핵실험

일본
대기 핵실험 2

차카이 힐스
지하 핵실험 7회(2001~2007)

포크란
지하 핵실험 6회(1974, 1998)

프랑스령 알제리
대기 핵실험 4회(1960~1961)
지하 핵실험 13회(1961~1966)

몬테벨로섬
대기 핵실험 3회(1952~1956)

호주 남부
대기 핵실험 9회(1953~1957)

남대서양
대기 핵실험 3회(1958)

1945년 이후 세계의 핵실험

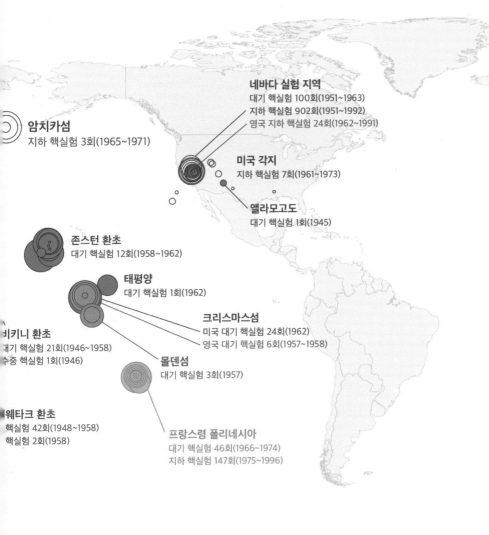

네바다 실험 지역
대기 핵실험 100회(1951~1963)
지하 핵실험 902회(1951~1992)
영국 지하 핵실험 24회(1962~1991)

암치카섬
지하 핵실험 3회(1965~1971)

미국 각지
지하 핵실험 7회(1961~1973)

앨라모고도
대기 핵실험 1회(1945)

존스턴 환초
대기 핵실험 12회(1958~1962)

태평양
대기 핵실험 1회(1962)

크리스마스섬
미국 대기 핵실험 24회(1962)
영국 대기 핵실험 6회(1957~1958)

비키니 환초
대기 핵실험 21회(1946~1958)
수중 핵실험 1회(1946)

몰덴섬
대기 핵실험 3회(1957)

웨타크 환초
핵실험 42회(1948~1958)
핵실험 2회(1958)

프랑스령 폴리네시아
대기 핵실험 46회(1966~1974)
지하 핵실험 147회(1975~1996)

폭발을 나타내는 원들의 상당수가 겹친다.

⬤ 색칠한 원은 대기 핵실험

◯ 빈 원은 지하 또는 수중 핵실험

원의 크기는 폭발의 위력을 나타낸다.

20메가톤 이상
2.5~5.1메가톤
160~320킬로톤
15킬로톤 이하

1946년 7월 25일 남태평양의 비키니 환초에서 미군의 핵실험으로 거대한 버섯구름이 솟아올랐다. 미 해군은 섬 주민들을 이웃 섬으로 강제 이주시키고 실험을 강행했다.

핵 물질 1메가톤의 위력은 나가사키에 떨어진 핵폭탄의 50배다. 그런데 1945년부터 1992년 사이 각국이 실험실이 아니라 대기 중이나 수중 핵실험에 쓴 핵폭탄은 545메가톤에 달했다. 그 가운데 340메가톤 분량이 1961~1962년 미국과 소련의 핵실험에 쓰였다. 소련이 미국의 턱밑에 있는 쿠바에 핵무기를 배치함으로써 양국이 핵전쟁 직전으로 치달은 '쿠바 미사일 위기'가 1962년에 일어난 것은 우연이 아니었다.

미국 언론의 통계를 보면 미국은 1,050여 차례 핵실험을 했는데 그중 900번 이상이 네바다주의 실험장에서 실시됐다. 100여 건은 태평양 섬과 환초에서 이뤄졌다. 소련의 핵실험은 700여 회에 이르며 주로 노바야젬랴와 카자흐스탄에 있는 세미팔라틴스크에서 벌어졌다. 영국은 호주 몬테벨로제도와 마라링가, 태평양의 크리스마스섬 등에서 40여 차례 핵실험을 했다.

신장 위구르는 얼마나 오염됐을까

가장 큰 비난을 부른 것은 프랑스의 핵실험이었다. 프랑스는 대기 중에서 50회, 지하에서 160회 핵실험을 한 것으로 알려져 있다. 폴리네시아에 앞서 핵실험장으로 쓰인 곳은 프랑스의 식민지였던 북아프리카 알제리의 사하라사막이다.

1960년부터 대기 중 핵실험을 네 차례 한 프랑스는 방사능 낙진으로 군인과 주민 들이 피해를 입는다는 비판이 일자 사하라사막의 지하 핵실험으로 방향을 바꿨다. 1960년 2월 13일 오늘날의 말리와 인접한 곳에서 프랑스가 최초로 지하 핵실험을 했을 때의 작전명은 '제르부아즈 블뢰Gerboise Bleue'였다. '제르부아즈'는 땅굴에 사는 들쥐를 가리킨다.

군인은 물론이고 주민 피해도 말할 수 없이 컸다. 알제리와 폴리네시아 주민과 군인 15만 명이 방사능 피해를 입은 것으로 추산된다. 프랑스 잡지 『르파리지앵Le Parisien』은 사하라사막 핵실험에 대한 비밀 보고서를 입수, 프랑스군이 자국 군인까지 실험 도구로 썼다는 사실을 폭로했다. 버섯구름이 피어오르는 핵폭발 현장에 도보 혹은 장갑차로 알제리계 병사들을 보내 피해 정도를 파악하게 했다는 것이다.

알제리계 주민들은 말 그대로 실험실의 기니피그처럼 핵실험에 동원됐다.[4]

유전 질환을 앓는 피폭자 2세들과 낙진 피해자, 핵실험으로 인한 부상자 들은 수십 년 동안 프랑스 정부를 상대로 보상을 요구했다. 하지만 파리의 반응은 냉담했다. 2003년 타히티를 방문한 자크 시라크 당시 대통령은 "핵실험이 주민 건강에 영향을 미쳤다는 증거가 없다"고 주장했다.

하지만 핵실험이 옛 식민지와 남태평양에 미친 영향에 국제적인 관심이 쏠리고 반인도적 범죄라는 비난이 빗발치자 결국 프랑스 정부는 손을 들고 보상을 약속했다. 2009년 의회가 통과시킨 핵실험 피해자 보상법에 따라 프랑스 정부는 처음으로 보상 계획을 발표했다. 그러나 액수가 형편없이 적었고, 알제리에서 피해를 인정받은 사람도 500명뿐이었다. 미국은 피해 주민들의 요구가 계속되자 1990년 방사능 누출 보상법을 만들고 2009년까지 약 14억 달러를 지급했는데, 이와 비교하면 프랑스의 보상은 형편없이 적었다. 영국에서는 호주령 크리스마스섬의 핵실험장에서 근무했던 전역 군인 1,000여 명이 정부를 상대로 소송을 냈으나 정부의 공식 보상은 아직 없는 상황이다.

2021년 무루로아 파일이 공개되면서 프랑스의 과거 핵실험과 피해자 방치에 대해 다시 비판이 일었다. 프랑스의 라디오 프로그램에 출연한 카트린 세르다Catherine Serda는 어릴 적 핵폭발을 겪었고, 가족 가운데 여덟 명이 암에 걸렸다고 증언했다.[5] 폴리네시아 출신으로 프랑스 정부에 피해를 보상받은 사람은 지금까지 겨우 63명에 그쳤다.[6]

그나마 독립적인 언론과 연구 기관이 조사 보고서라도 내놓을 수 있는 프랑스는 어쩌면 나은 경우일지도 모른다. 프랑스의 핵실험이 주로 식민지 땅에서 이뤄졌듯이, 중국의 핵실험 역시 내부 식민지나 다름없는 신장의 위구르 지역에서 주로 벌어졌다. 타클라마칸사막 일대의 롭누르는 4,000년 전부터 사람들이 살던 유서 깊은 호숫가 마을이었다. 하지만 관개 농업으로 1920년대에 호수가 말라붙었고 농토는 관개수의 염분이 올라와 소금 땅이 됐다.

1964년 중국이 첫 핵실험을 한 곳이 바로 여기였다. 이후 중국은 소수민족인 위구르족이 많이 사는 이곳에서 수십 회에 걸쳐 핵실험을 한 것으로 알려졌다. 2012년 중국 정부는 과거 핵실험으로 인한 롭누르 말란 핵 기지의 오염을 정화하는 작업을 시작할 것이라고 발표했다. 중국 정부는 1980년대 이후로는 핵실험을 한 적이 없다며 부인했으나, 미국은 1996년 7월까지도 중국군이 롭누르에서 핵실험을 한 것으로 보고 있다.

10 수에즈운하가 막히면?

#수에즈운하 #파나마운하 #세계무역 #희망봉 #중동분쟁
#토리호스-카터조약 #CIA

초대형 컨테이너선이 이집트 수에즈운하에서 멈춰버렸다. 2021년 3월 23일, 컨테이너선 에버기븐Ever Given호가 수에즈운하에서 좌초한 것이다. 2018년 건조됐으니 그리 오래되지 않은 선박이었다. 소유주는 쇼에이키센이라는 일본 회사이고 실제로 배를 운항하는 용선사는 타이완의 에버그린해운長榮海運이며, 선적은 파나마로 돼 있다.

배는 중국에서 출발해 네덜란드로 향하는 중이었다. 폭 59미터, 길이 400미터, 무게 22만 4,000톤. 무려 컨테이너 2만 개를 싣는 거대한 배다. 미국 언론의 표현을 빌면 뉴욕 엠파이어스테이트 빌딩이 누워 있는 정도의 크기다. 그런 배가 바람이 강하게 불면서 항로를 이탈, 뱃머리 한쪽은 제방에 박혔고 다른 한쪽은 반대쪽 제방에 걸친 상태로 운하를 가로막은 것이다.

다행히 선원들은 무사했고 기름 유출 같은 일은 없었다. 일주일 만

2021년 3월 이집트 수에즈운하에서 좌초한 컨테이너선 에버기븐호가 물길을 가로막고 있다.

에 배는 운하를 통과했지만, 그 일주일 동안 세계 언론들은 이 사건이 미칠 경제적 파장과 각국에 줄 충격, 손익계산을 전하느라 몹시 바빴다. 한국 언론에 나온 기사 제목만 봐도 분위기를 알 수 있다. '하루 10조 원 물량 꽁꽁', '각국 주판알 튕기며 우회로 경쟁', '대책 회의연 정부 "사태 장기화 대비"', 심지어 '수에즈운하 사고, 파라오의 저주인가' 같은 기사까지 나왔다.

세계에서 가장 중요한 뱃길

인명 피해는 없었지만 세계 물류 측면에서 봤을 때 큰 사고이긴 했다. 2004년에 트로픽 브릴리언스Tropic Brilliance라는 유조선이 좌초돼 사흘간 수에즈운하가 막힌 적이 있다. 2017년 10월 일본 배가 가로막아 몇 시간 운항이 지연되기도 했다. 하지만 운하가 일주일씩이나 막힌 적은 없었다.

지중해와 홍해를 연결하는 이 운하는 약 190킬로미터, 세계에서 가장 길고 중요한 운하다. 유럽과 아프리카, 아시아를 잇는 길목이며 글로벌 교역의 핵심 통로다. 2020년 한 해 동안 이 길목을 통과한 배가 약 1만 9,000척. 하루 평균 50척, 세계 교역량의 12퍼센트가 이곳을 거치는 것이다.[1] 아시아에서 유럽으로 향하는 수출품 가운데 배로 운반되는 것은 모두 이곳을 지나다닌다고 보면 된다. 이 운하가 막히면 하루 90억 달러, 약 10조 2,000억 원어치 화물의 발이 묶인다는 추산치도 있다.

물론 수에즈가 막히면 돌아가면 된다. 문제는 아프리카 대륙을 빙 돌아야 한다는 것이다. 아프리카 대륙 남쪽 끝, 남아프리카공화국의 희망봉을 둘러서 가려면 운항 거리가 무려 약 6,500킬로미터나 길어진다. 애당초 이 운하를 뚫은 이유가 유럽과 아시아를 오가는 배들이 아프리카 대륙을 빙 돌지 않도록 하려는 것이었다.

운하가 막힌 며칠 간의 틈을 타 새로운 항로를 홍보하고 나선 나라도 있었다. 북유럽과 동아시아 간에는 이론적으로 북해 항로로 우회하는 방법도 있다. 러시아는 슬그머니 북해 항로를 홍보하면서 선사들에게 손짓을 했다. 블라디미르 푸틴 대통령은 유럽에서 러시아 동부 시베리아 해안까지 잇는 항로를 열어보려고 애쓰던 참이었다. 수에즈운하 사고가 나자 러시아 핵에너지국 로사톰Rosatom은 "북해 항로를 수에즈의 대안으로 고려해볼 수 있지 않느냐"는 글을 트위터에 올렸다.

2009년에 벨루가 시핑Beluga Shipping이라는 독일 해운사의 배가 쇄빙선 없이 네덜란드 로테르담과 한국 울산 사이 7,400킬로미터를 운항한 적이 있다.[2] 그런데 이 북해 항로가 열리는 것은 여름철 6~8주에 불과하다. 그러니 일주일간 수에즈운하가 막힌 것에 세계가 화들짝 놀란 것은 당연했다. 코로나19로 가뜩이나 세계 물류가 휘청거리던 차였다. 때아닌 봉쇄는 다행히 일주일 만에 끝났지만 에버기븐 사고는 선박 압류와 거액의 보험금 소송으로 이어졌고, 뒤처리에도 기나긴 시간이 걸릴 것으로 보인다.

아시아와 유럽을 잇는 바다의 지름길

수에즈운하의 역사는 아주 오래됐다. 무려 4,000년 전에 나일강 하류와 홍해를 잇는 고대 운하를 만든 흔적이 있다. 오스만튀르크도 지중해와 홍해 사이에 뱃길을 뚫으려 했으나 실현되지는 않았다. 프랑스가 나폴레옹 시기에 이집트를 점령하면서 관심을 보였고, 1830년대부터 운하를 뚫는 구상을 했다. 설계부터 건설까지 몇십 년이 걸려서 1869년 11월 오늘날의 수에즈운하가 완공됐다. 아시아와 유럽을 잇는 바다의 지름길이 마침내 생겨난 것이다.

1882년 영국이 이집트를 점령하면서 수에즈운하 통제권을 장악했다. 이후 20세기에 이집트가 독립해 현대 공화국으로 탄생하는 과정

로테르담

뉴욕

로스앤젤레스

수에즈운하(1869)

태평양

대서양

15,630km

파나마 운하(1914)

싱가포르

9,204km

22,870km

태평양

22,112km

인도양

이전 최단거리

현재 최단거리

세계의 지름길 수에즈운하와 파나마운하.

에서 이 운하는 가장 중요한 국가 자산으로 취급됐고 갈등도 많이 빚었다. 1936년 영국군은 철수했지만 수에즈운하지구Suez Canal Zone를 만들어 계속 관리를 맡았다. 그러다가 1956년 이집트가 운하 통제권을 회수해 관리를 국영화하고 수에즈운하관리청SCA, Suez Canal Authority을 만들었다. 수에즈운하는 폭이 좁아서 일방통행만 할 수 있기 때문에 시간을 정해 배들이 한쪽 방향으로 움직여야 했다. 그래서 2015년에는 양방향으로 통행할 수 있도록 확장 공사도 했다.

아랍뉴스의 보도에 따르면 2020년 한 해 이집트가 운하를 통해 벌어들인 수입은 56억 달러, 6조 3,000억 원에 이른다.[3] 이집트는 2014

년부터 군 출신인 압둘팟타흐 시시Abdel Fattah el-Sisi 대통령이 집권하고 있는데, 수에즈운하관리청장 오사마 라비Osama Rabie도 해군 장성 출신이다.

수에즈운하는 이집트의 국가 자산인 동시에 정치적 무기이기도 하다. 워낙 중요한 교역로여서 이미 1888년 콘스탄티노플협정으로 "전쟁 기간에도 이 운하만큼은 모든 배가 통과하게 하자"고 약속했으나 이집트는 운하를 이스라엘과 미국, 유럽을 상대하는 무기로 활용해왔다.

대표적인 사례가 1956년 10월부터 1957년 4월까지의 봉쇄였다. 이때의 중동 분쟁을 '수에즈 위기'라고도 부르는데, 이집트가 운하의 일부를 막고 이스라엘 선박이 지나다니지 못하게 했다. 이를 빌미로 이스라엘, 프랑스, 영국군이 이집트를 침공해 운하를 점령했다. 냉전이 격화되는 시기에 이집트가 '미국의 동맹들'과 갈라설까 걱정한 미국이 나서 세 나라가 군대를 철수하게 만들었고, 이후에는 유엔군이 주둔했다.

1967년에는 이스라엘이 팔레스타인을 점령하며 3차 중동전쟁을 일으켰다. 그러자 이집트는 다시 수에즈운하를 봉쇄했다. 『인사이더 Insider』의 보도에 따르면 미국은 1960년대에 핵폭탄까지 동원해 이스라엘에 운하를 뚫는 방안을 검토했다고 한다.[4] 미국 에너지부 산하 로런스 리버모어 연구소LLNL, Lawrence Livermore National Laboratory 기밀문서에서 나온 내용인데, 이집트가 자꾸 수에즈운하를 정치적 무기로 삼자 지중해에서 이스라엘을 거쳐 홍해로 나가는 운하를 하나 더 만들려고 했다는 것이다. 이 문제에 늘 민감한 이스라엘은 2012년에도 육상 수송로로 지중해에서 홍해까지 남부 네게브사막을 거치는 철도를 계획했지만 수익성이 없어 2019년 결국 포기했다.

북미와 남미 사이, 파나마운하

수에즈운하처럼 세계의 큰 바다를 이어주는 중요한 운하가 또 있다. 북미와 남미 대륙 사이의 파나마운하다.

스페인어로 '카날 데 파나마Canal de Panamá'라 부르는 이 운하의 길이는 82킬로미터다. 물동량이 수에즈만큼 많지는 않지만 대서양과 태평양을 잇기 때문에 미주 교역에서는 빠질 수 없는 뱃길이다. 수에즈 덕에 대서양과 인도양을 오가는 배들이 아프리카 남쪽 끝 희망봉까지 돌아가지 않듯이, 파나마운하가 있기 때문에 대서양과 태평양을 지나는 배들이 멀리 아르헨티나 남쪽 끝, 위험하기로 악명 높은 케이프 혼Cape Horn, Cabo de Hornos 항로를 지나지 않아도 된다.

파나마운하를 짓는 과정은 길고도 복잡했다. 1881년 먼저 프랑스가 건설을 시작했으나 기술적으로 난제가 많았다. 작업이 험해 사람들이 많이 죽어나간 탓이다. 결국 공사는 중단됐다. 1904년 그 공사를 미국이 넘겨받아 10년 뒤인 1914년 8월 15일에 개통을 했다. 엄연히 외국 땅이었지만 미국은 그 후 오랫동안 이 운하의 운영권을 손에 쥐고 있었다. 마침내 파나마가 운하 관리권을 넘겨받은 것은 20세기가 다 지나서였다. 1977년 파나마의 독재자 오마르 토리호스Omar Torrijos와 미국의 지미 카터 대통령이 '토리호스-카터조약'을 체결하면서 1999년 파나마에 운하 통제권을 넘기기로 한 것이다.

여담이지만 군인 출신인 토리호스는 1968년 권력을 장악해 1981년 사망할 때까지 파나마를 쥐고 흔들었는데, 한 번도 대통령이라는 공식 직책을 가진 적은 없었다. 미국은 중남미에 친미주의자를 양성하기 위해 서반구안보협력연구소WHINSEC, 이른바 '미국 학교School of the Americas'라는 것을 운영했고, 이곳을 거친 이들 중에 훗날 중남미의 악명 높은 군부 쿠데타 지도자가 된 이가 많았다. 토리호스 역시 그런 사람이었고 파나마에서 쿠데타를 일으킨 뒤 '최고 혁명 지도자'를 자처하며 철권 통치를 자행했다. 그나마 업적으로 꼽을 만한 것이 운하를 회수한 '토리호스-카터조약'이었다. 그의 아들 마르틴 토리호스 MartínTorrijos는 2004년부터 2009년까지 파나마 대통령을 지냈다.

파나마운하는 한쪽 끝에 가툰Gatun이라는 인공 호수가 있어서, 이 공간을 이용해 배를 이동시킨다. 운하가 해수면보다 26미터 높은 곳에 있기 때문에 우선 가툰 호수에 배들을 가둬 띄워 올린 뒤 다시 수위를 낮춰 내보내는 방식이다.

운하가 개통된 1914년에는 이곳을 지나간 배가 고작 1,000척뿐이었지만 100년이 지나자 연간 1만 척 이상이 지나다니는 요긴한 길목이 됐다. 파나마운하의 고질적인 문제점은 정체가 심하다는 것이다. 배 한 척이 통과하려면 평균 잡아 열두 시간 가까이 걸린다는 조사도 있었다. 특히 20세기 후반 들어 통행 수요가 크게 늘었다. 아시아의 생산 기지에서 미국 동부로 가는 배들이 태평양을 가로지른 뒤 파나마운하를 통해 이동하기 때문이다. 게다가 화물선의 크기는 나날이 더 커졌다. 이 때문에 확장 공사를 몇 차례나 했다. 독dock을 더 만들고 물길을 넓히고 가툰 호수를 더 깊이 팠다.

그런데 운하의 통행료로 수입을 챙기는 파나마를 보면서 부러워한 나라가 있었으니, 이웃한 니카라과다. '니카라과운하' 혹은 '대양 간 대운하Grand Interoceanic Canal'라는 이름으로 초대형 건설 프로젝트를 추진하겠다면서 2013년 중국 사업가 왕징王靖이 이끄는 HK니카라과운하개발투자그룹HKND에 사업권을 줬지만[5] 아직 진척은 없다.

그렇다면 파나마운하도 수에즈운하처럼 막힌 적이 있을까? 있다. 1989년 미국이 파나마를 침공했을 때다. 침공 명분은 파나마의 악명 높은 독재자 마누엘 노리에가Manuel Noriega를 쫓아낸다는 것이었다. 하지만 실상은 토리호스나 마찬가지로 노리에가 역시 한때 미국 중앙정보국CIA, Central Intelligence Agency의 친미 공작에 협력한 사람이었다. 미국은 이 침공에서 그때까지 장악하고 있던 파나마운하 내부 시설들을 억류·구금 장소로 이용했다. 노리에가는 상호조약에 따라 운하의 중립성을 지켜야 한다고 항변했으나 소용없었고, 결국 미군 특수부대에 붙잡혀 미국으로 이송됐다. 이때 미군의 작전 과정에서 잠시 운하가 폐쇄됐다. 그리고 2010년 12월 기록적인 폭우 때문에 열일곱 시간 동안 운하가 막힌 적이 있었다.

11 우라늄과 미사일 사이, 그린란드의 선택은?

#이누이트 #에스키모 #우라늄 #희토류 #반도체 #미군기지

그린란드에서 2021년 4월 총선이 실시됐다. 그린란드에서는 의회를 '이나치사르투트Inatsisartut'라고 부르는데, 좌파 야당이던 '이누이트 아타카치기트Inuit Ataqatigiit' 당이 37퍼센트를 득표해서 처음으로 제1당이 됐다. 당 이름을 풀면 '사람들의 공동체'. 이누이트는 북극권 원주민을 가리키는 말이다. 한동안 '에스키모'라는 말을 많이 썼으나, 원주민을 비하하는 표현이라는 지적이 일면서 지금은 이누이트라 부른다. 원주민 말로는 그냥 '사람들'을 뜻한다.

　이누이트라는 이름을 내세운 공동체당은 1976년 덴마크에서 청년 급진주의의 물결을 타고 결성된 정당이다. 사회민주주의 성격에, 덴마크로부터의 독립과 함께 환경보호를 주장해왔다.

'녹색'으로 승부한 서른네 살 총리

승리를 이끈 당 대표 무치 에어더Múte Egede는 선거 당시 서른네 살에 불과했다. 그린란드 수도 누크 태생으로 2015년 총선에 출마해 고배를 마셨으나 이듬해부터 2018년까지 그린란드 자치정부의 광물·노동시장 장관과 공동체·인프라·주택 장관을 지냈다. 2018년 당 대표를 맡아 3년 뒤에는 그린란드의 최연소 총리가 됐다.

에어더 총리가 선거에서 내세운 것은 두 가지였다. 첫째는 '삶의 질', 그리고 두 번째는 '건강과 환경'. 에어더 총리와 공동체당은 다국적기업들의 그린란드 자원 개발, 특히 우라늄 개발에 반대한다는 뜻을 유권자들 앞에서 거듭 강조했다. 그리고 시민들은 개발 대신 환경을 택했다.

북극해에 면한 그린란드는 면적 216만 제곱킬로미터로 호주를 제외하면 세계에서 가장 큰 섬이다. 덴마크에 속한 자치 지역이지만 지리적으로는 유럽보다 캐나다 북동부에 더 가깝다. 4,500년 전부터 간헐적으로 사람들이 거주했다고 하지만 정착의 역사는 그보다 짧다. 정착이 본격화된 것은 10세기부터로 보인다. 오늘날 그린란드 주민들의 선조는 13세기쯤 북미에서 건너가 터를 잡고 산 사람들로 추정된다.

역사적으로는 북미 쪽이 아니라 오늘날의 덴마크, 노르웨이, 아이슬란드와 더 밀접한 관계를 맺어왔다. 노르웨이가 이 섬에 정착지를 만들었고 15세기에 잠시 포르투갈이 선박과 탐사단을 보내기도 했다. 17세기부터 덴마크와 노르웨이가 협정을 맺어 공동으로 영유권

아름다운 자연 풍광을 자랑하는 그린란드는 최근 광물 개발 바람에 몸살을 앓고 있다.

을 가졌으나 1814년에는 덴마크 영토가 됐다. 덴마크는 1953년 헌법에 그린란드가 자국 땅이라 명시했다.

자치가 시작된 결정적인 계기는 덴마크가 1973년 유럽연합EU의 전신인 유럽경제공동체EEC, European Economic Community에 들어간 것이었다. 그린란드인들은 1982년 주민투표로 EEC에서 탈퇴하기로 결정함으로써 덴마크와 다른 길을 걷겠다는 뜻을 분명히 했다. 당시 주민투표를 주도한 것이 공동체당이었으며, 3년 뒤 그린란드는 예고한 대로 EEC에서 탈퇴했다.

1979년부터 형식적으로 자치를 하긴 했지만 결함이 많았고 2008년에야 역사적인 자치법안이 통과됐다. 이듬해인 2009년 6월부터는 외교·국방을 제외하고 치안, 사법, 회계, 광업, 항공 등 대부분의 영역에서 자치권을 행사하고 있다.

덴마크가 연간 34억 크로네, 약 6,000억 원을 보조금으로 주고 있으나 자치 약속에 따라 앞으로는 점차 줄어들 예정이다. EU 회원국인 덴마크의 영토라는 독특한 처지이다 보니 EU도 그린란드에 '역외지위OCT, Overseas Countries and Territories'를 주고, 유럽개발기금EDF, European Development Fund과 유럽투자은행EIB, European Investment Bank 프로그램으로 어느 정도 혜택을 주고 있다.

아직은 경제적으로 완전히 자립하지 못했지만 그린란드인들에게는 믿는 구석이 있다. 바로 우라늄과 희토류다. 이 광물자원을 누가 어떻게 개발하고 이익을 가져갈 것인가가 그린란드 정치의 핵심 이슈다.

그린란드의 인구는 2022년 기준으로 약 5만 8,000명인데, 약 90퍼센트가 북극권 원주민인 이누이트 혹은 이누이트와 유럽계 혼혈이다. 주민 3분의 1이 수도 누크에 몰려 산다. 독립을 바라는 사람들은 덴마크가 광물자원을 외국 기업들에 팔아넘기고 있다고 생각하며, 이 자원을 미래의 자산으로 남겨 독립 이후의 경제적 기반으로 삼아야 한다고 여긴다.

미·중 갈등과 우라늄 채굴

특히 우라늄 개발을 놓고는 10년 넘게 논쟁이 벌어졌다. 그린란드 남서부에 있는 쿠아네르수이트Kuannersuit 우라늄 광산이 문제의 핵심이다. 덴마크식으로는 콰이네필드Kvanefjeld라고 한다. 덴마크는 '콰이네필드 프로젝트'라는 이름으로 우라늄과 희토류 채굴을 추진해왔는데, 그린란드 의회가 법을 만들어 환경 파괴가 심한 방사능 광물 채굴을 금지했다. 그런데 2013년 집권당이던 전진당Siumut 정부가 이 법을 뒤집어버렸다. 개발에 반대하는 사람들이 보기에는 미래의 독립 기반을 외국 회사에 넘겨주는 것인 동시에, 환경 보전의 원칙을 무너뜨리는 것이었다.

그린란드는 전체 에너지 수요의 70퍼센트를 수력을 비롯한 재생 가능 에너지로 충당한다. 그러나 콰이네필드 채굴이 예정대로 진행되면 그린란드의 연간 이산화탄소 배출량이 45퍼센트나 늘 것이라는 예측이 나왔다. 게다가 우라늄 채굴은 방사성 폐기물을 남기는 만큼 광산 일대가 황폐해질 수 밖에 없다. 이미 콰이네필드 부근은 초록색을 찾아보기 힘들 정도로 토양이 심하게 오염됐다는 얘기가 많았다. 그린란드 안에도 개발을 찬성하는 사람들이 적지 않지만, 유권자들은 선거에서 우려가 더 크다는 것을 확실하게 보여줬다. 전진당이 정권을 잃은 결정적인 이유가 콰이네필드 채굴을 허용했기 때문이었다.

콰이네필드에는 우라늄뿐 아니라 희토류도 많이 묻혀 있다. 선거 이후 세계의 관심은 앞으로 그린란드의 광물 개발이 주춤할 것이라는 데 맞춰졌다. 이전 정부의 허가가 난 뒤 '그린란드 미네랄스Greenland Minerals'라는 광산업체가 이곳 우라늄 채굴권을 가져갔는데, 이 회사는 호주 기업이지만 중국의 성허자원Shenghe Resources Holding, 盛和資源이 대주주다.

청두에 본사를 둔 성허자원은 세계 곳곳에서 희토류를 챙기는 광물 기업이다. 휴대전화, 평면 모니터, 전기차, 풍력발전용 터빈 등 첨단산업 곳곳에 쓰이는 희토류는 전 세계 생산량의 70퍼센트 이상을 중국이 차지하고 있다. 미국과 중국의 무역 갈등이 깊어지자 2019년 중국은 미국에 희토류를 수출하지 않겠다면서 이 자원을 무기로 활용했다. 이에 미국은 중국 의존도를 낮추겠다며 '희토류 독립'을 선언하고 자국 희토류 생산 기업들을 밀어주기 시작했다. 그런데 알고 보니 그중 하나인 MP 머티리얼스MP Materials Corp.가 중국 쪽 투자를 받은 걸로 드러나 2020년 계획을 중단했다. 그 중국 투자자가 바로 성허자원이었다. 콰이네필드는 중국계 기업이 중국 밖에서 채굴하는 가장 큰 희토류 생산지다.

에어더 정부는 콰이네필드 개발을 중단시키고 희토류 채굴에도 제동을 걸 것이라고 선언했다. 그러나 성허자원을 비롯해 다국적기업들이 이미 그린란드 자원 채굴에 투자를 많이 해놨기 때문에, 외부 투자로 진행되는 프로젝트를 대거 무산시키기는 쉽지 않다. 미국『뉴욕 타임스』의 표현을 빌면 '세계는 그린란드의 광물을 원하고, 그린란드 사람들은 이를 걱정하는' 상황인 것이다.

원주민 내쫓고 들어선 미군 기지

그린란드인들은 선거를 통해 게걸스레 자원을 먹어치우는 중국에 경고 메시지를 보내고 환경을 파괴하는 개발에 반대한다는 뜻을 세계에 알렸다. 하지만 문제는 중국만이 아니다.

2019년 8월 미국 『월스트리트 저널』에 '트럼프 대통령이 새 부동산을 사려고 눈독 들이는 곳: 그린란드'라는 기사가 실렸다. 도널드 트럼프 대통령이 측근들에게 그린란드 땅 매입 가능성을 몇 차례나 타진했다는 것이다.

트럼프는 잘 알려진 대로 부동산 사업가 출신이다. 하지만 그가 개인 사업 차원에서 부동산을 사들이려 한 것 같지는 않다. 『월스트리트 저널』에 따르면 트럼프는 보좌관들에게 '미국 정부가 그린란드를 사들일 수는 없는지' 여러 차례 물었다고 한다. 북극해의 거점인 그린란드의 지정학적 중요성은 누구나 안다. 몇몇 보좌관도 트럼프의 그린란드 매입안을 지지한 것으로 전해졌다. 이 일로 덴마크와 갈등이 생기면서 트럼프는 예정했던 덴마크 방문도 취소했다.

결론적으로 말하면 트럼프 정부든 누구든, 외국 정부가 그린란드를 살 수는 없다. 그린란드는 그곳 사람들 땅이고, 덴마크 정부가 이 거대한 섬을 미국에 팔아넘길 가능성도 없다. 오히려 얼음 땅이 녹고 광물자원 개발이 활성화될 조짐이 일면서 그린란드인들의 자치 요구는 갈수록 커지고 있다. 공동체당 정부는 독립 지지 성향이 강한 인사를 외교 장관에 앉히고, 더 나아가 앞으로 실시될지 모를 '독립 국민투표'에서 '순수 유럽계'를 제외하고 이누이트 혹은 이누이트 후손

들만 결정에 참여하게 하는 방안까지 거론하고 있다.

트럼프의 '그린란드 매입 검토' 보도가 나왔을 때 그린란드 사람들은 대단히 분노했을 것이다. 덴마크와의 관계도 중요하지만 그린란드 측에서는 미국과 러시아의 북극 다툼에 휘말리는 것도 경계한다. 트럼프의 발언이 그런 불안감에 기름을 부은 것이다. 그린란드 사람들로서는 어느 외국 정치인의 헛소리로만 치부할 수 없는 것이, 70년 가까이 얼음 땅에 박혀 있는 미군 기지의 존재가 주민들을 짓누르고 있기 때문이다.

그린란드는 전체 영토의 3분의 1에 가까운 97만 제곱킬로미터가 국립공원으로 지정돼 있다. 세계 최대 국립공원인 북동 그린란드 국립공원Kalaallit Nunaanni nuna eqqissisimatitaq이다. 그런데 이 공원 말고도 민간인이 마음대로 드나들 수 없는 곳이 더 있다. 북극점에서 1,500킬로미터 떨어진 노르트스타 해안의 툴레 공군 기지Thule Air Base다.

겉으로는 덴마크군이 통제한다지만 실제로는 미군 기지다. 미국 육군 산하 우주군United States Space Force이 2020년까지 21 SW 글로벌 미사일 경보 시스템을 여기서 운영했다. 미군 북미항공방위사령부 NORAD 정찰 프로그램도 이곳에서 가동 중이다. 면적 약 660제곱킬로미터인 이 기지에서 해마다 미군 항공기 3,000대가 오르내린다.

덴마크는 '그린란드는 통합된 우리 영토'라는 문구를 헌법에 명시한 바로 그해, 1953년에 이 공군 기지를 미군에 내줬다. 그리고 미군은 이곳 원주민 이누구이트Inughuit 부족을 강제로 내쫓고 여기에 나이키 미사일을 배치했다. 당시 미국과 덴마크 정부는 원주민들과 합의했다고 했으나 거짓말이었다. 사실이 들통나면서 원주민들은 유럽

그린란드 북부에 있는 툴레 미 공군 기지.

법원과 덴마크 법원 등에 소송을 내고 '돌아갈 권리'를 찾기 위해 지금도 싸우고 있다.

이 기지 외에도 그린란드 여러 곳에 미군 기지가 있다. 미군 기지는 이곳 사람들의 자치와 독립 의지를 북돋우는 존재다. 1995년에는 비핵 국가를 천명해온 덴마크 정부가 비밀리에 미군이 그린란드에 핵무기를 가져다놓도록 허가해줬다는 폭로가 나와 정치 스캔들이 불거지기도 했다. 실제로 미군은 1960년대에 그린란드 북부 빙하 지대에 캠프 센추리Camp Century라는 기지를 만들어 핵폭탄을 배치했다. 그러나 기지에 화재가 나면서 방사능이 누출됐고 얼음 땅은 오염되고 말았다. 그린란드인들이 원주민 공동체를 파괴하고 환경을 훼손하는 덴마크 정부와 강대국의 행태에 반발하는 배경에는 이런 역사가 있는 것이다.

요 몇 년 사이 그린란드는 여름마다 폭염과 산불에 시달리고 있다. 얼음 땅이 녹으니 자원에 눈독 들이는 국가와 기업이 많지만, 결국 그린란드가 녹는 것은 지구 전체에 울려퍼지는 경고음이다. 미국 항공우주국NASA이 웹사이트에 올린 자료를 보면 기온이 올라가면서 그린란드의 빙하가 약해지고 얼음층에 바닥을 알 수 없는 싱크 홀들이 생겨나고 있다. 녹은 물이 얼음층 밑바닥까지 흘러내려 빙하가 녹는 속도가 더 빨라진다. 위성사진으로 보면 멕시코만 한 빙하가 녹고 있다는데, 지구 전체의 해수면 상승을 가속화할 것이 분명하다.

12 예루살렘은 누구의 땅인가

#이스라엘 #미국대사관 #도널드트럼프 #베냐민네타냐후
#팔레스타인 #가자지구 #템플마운트

2018년 5월 14일 전 세계의 시선이 중동의 고도古都 예루살렘에 집중
됐다. 이스라엘 주재 미국 대사관의 개관식이 열렸기 때문이었다. 데
이비드 프리드먼David Friedman 주이스라엘 미국 대사는 개관을 공식 선
언하면서 "이스라엘의 예루살렘"이라는 말로 대사관의 새 위치를 표
현해 박수갈채를 받았다. 텔아비브에서 예루살렘으로 대사관 이전을
전격 강행한 도널드 트럼프 미국 대통령을 언급할 때는 기립 박수도
나왔다.

 트럼프 대통령의 사위 제러드 쿠슈너 백악관 선임 고문은 축사에
서 "대사관 이전과 개관은 예루살렘이 이스라엘의 수도라는 사실을
인정한 것"이라며 "미국은 옳은 일을 해왔고 앞으로도 그렇게 할 것"
이라고 강조했다. 이어 "트럼프 대통령은 이번 결정과 오늘의 개관식
이 지속적인 평화를 위한 미국의 강한 의지라는 것을 분명히 했다"고

2018년 5월 이스라엘 주재 미국 대사관을 예루살렘으로 이전, 개관하는 기념식에서 당시 미국 대통령 도널드 트럼프의 딸 이방카가 기념 연설을 했다.

말했다. 또 팔레스타인 시위대를 언급하며 "폭력은 문제의 해결책이 될 수 없다"고 덧붙였다. 이날 개관식에는 약 800여 명이 참석했는데, 쿠슈너 선임 고문과 트럼프 대통령의 장녀 이방카 트럼프, 스티븐 므누신 재무부 장관 등이 미국 정부 측 대표단으로 그곳을 찾았다.[1]

트럼프 대통령은 영상으로 개관식에 축하 메시지를 전했다. 이에 앞서 트위터로도 "이스라엘에 매우 중요한 날"이라며 "축하한다!" 고 썼다. 그는 이미 2017년 12월 6일 예루살렘을 이스라엘의 수도로 인정하면서 대사관 이전 계획을 공식화한 바 있다. 베냐민 네타냐후 Benjamin Netanyahu 이스라엘 총리는 대사관 개관식에서 "영광스러운 날" 이라며 "이 순간을 기억하자"고 했다. 그는 트럼프 대통령을 향해

"역사를 인정함으로써 역사를 만들어냈다"고 극찬하면서 "오늘날 지구상에서 가장 강력한 동맹인 미국이 오늘 이곳에 미국 대사관을 열었다. 예루살렘의 미국 대사관 개관이 진실을 넓게 퍼뜨리기를 바란다"고 덧붙였다.

같은 시각, 팔레스타인 가자 지구와 요르단강 서안에서는 거센 항의 시위가 벌어졌다. 이스라엘군이 실탄 사격으로 맞서면서 60여 명이 사망하고 2,700여 명이 다쳤다. 예루살렘을 이스라엘 수도로 인정하고 대사관까지 이전한 트럼프 대통령을 향해 국제사회는 비난을 쏟아냈다. 국제법 위반일 뿐만 아니라 가뜩이나 불안한 중동 정세를 뒤흔드는 무모한 행동이란 것이었다. 1947년 유엔이 분쟁 지역인 예루살렘에 '특별한 국제 체제Special International Regime'라는 그야말로 독특한 지위를 부여한 이후, 이곳은 국제법상 그 어떤 나라에도 속하지 않는다.

바람 잘 날 없는 '평화의 도시'

예루살렘은 이스라엘과 팔레스타인의 경계선 위에 자리 잡고 있다. 히브리어로 '평화의 도시'란 뜻이다. 하지만 아이러니하게도 예루살렘은 역사상 늘 바람 잘 날 없는 분쟁의 도시, 유혈의 도시였다. 예루살렘이 특별한 이유는 세계 3대 유일신 종교인 유대교, 기독교, 이슬람교의 중심지이기 때문이다. 유대인들에게는 다윗 왕이 통일 왕국을 세워 수도로 삼은 곳이자 솔로몬 왕이 최초의 유대교 성전을 세운 곳이며,『구약』에서 아브라함이 아들 이삭을 신에게 바치려던 바위가 있는 곳이다. 이슬람 신도들에게는 천사 가브리엘의 인도로 예언자 무함마드가 찾아와 승천한 곳, 기독교인들에게는 예수가 십자가에 매달린 성지가 바로 예루살렘이다. 인구는 2020년 기준 약 94만 명. 37퍼센트는 아랍계, 즉 팔레스타인인이고 61퍼센트는 유대계다. 유대계 주민 중 약 20만 명은 이른바 초강경 유대교 원리주의자로 분류된다. 아랍계 기독교 인구는 약 1퍼센트로 추정된다.

　말 그대로 '지붕 없는 박물관'인 예루살렘에서도 기독교, 유대교, 이슬람교의 성지가 몰려 있는 구시가는 동예루살렘 쪽에 있다. 면적은 0.9제곱킬로미터에 불과하다. 성벽에 둘러싸인 예루살렘 구시가는 무슬림 구역, 기독교인 구역, 유대인 구역, 아르메니아인 구역으로 4분할됐다. 1981년 유네스코 세계유산에 지정된 뒤에도 어느 나라 유

산인지는 밝히지 않고 그저 도시명과 함께 '요르단이 제안한 유적'으로 표시한다. 실제로 예루살렘은 요르단이 신청해 세계유산으로 지정됐다. 당시 미국 정부가 예루살렘은 이스라엘이 실효 지배하므로 요르단에게는 신청 자격이 없다며 반대했지만 승인이 이뤄졌다.

예루살렘의 최고 성지는 1982년 이래 '위험에 처한 세계유산'이기도 한 템플마운트Temple Mount, 아랍어로는 하람 알샤리프Haram al Sharif라 불리는 곳이다. 이곳에는 이슬람 3대 성지 가운데 하나인 알 아크사 모스크Al Aqsa Mosque('메카에서 가장 먼 모스크'라는 뜻)와 솔로몬 왕의 성전이 있던 곳, 그리고 예수의 무덤 위에 세워진 것으로 추정되는 성묘 교회Church of the Holy Sepulchre가 있다. 미국 대사관은 이 성지들과 자동차로 불과 10분 남짓 거리에 있다.

올리브산에서 내려다본 예루살렘 구시가의 템플마운트.
황금색 알 아크사 모스크가 한눈에 들어온다.

"예루살렘은 우리 수도", 점령 풀지 않는 이스라엘

예루살렘은 늘 갈등과 충돌의 땅이었고, 파괴와 재건을 반복했다. 200년이나 계속된 십자군 전쟁에서도 기독교와 이슬람 세력이 이곳을 차지하기 위해 수없이 전투를 치르고 피를 흘렸다. 결국 예루살렘은 오스만튀르크의 지배를 받게 됐고, 제1차 세계대전 이후 오스만튀르크가 붕괴한 뒤에는 다시 영국과 프랑스에 점령된다. 제2차 세계대전이 끝난 후 1948년 이스라엘이 건국된 이후에도 예루살렘에서는

예루살렘을 둘러싼 이스라엘과 팔레스타인의 분쟁은 지금도 계속되고 있다.

팔레스타인인들의 '인티파다Intifada(아랍어로 '봉기')'와 이스라엘의 탄압으로 끊임없이 갈등이 이어졌다.

이스라엘 정부는 1948년 제1차 중동전쟁 때 예루살렘 서쪽 지역을 점령하고 이듬해 이곳을 수도로 선포했다. 1950년 1월엔 의회에서도 "예루살렘은 언제나 이스라엘의 수도였다"고 선언했다. 1967년에는 동쪽 지역까지 점령해 1980년 동·서 예루살렘 전체를 이스라엘의 영원한 수도로 선포하는 법률을 발효시켰다. 이스라엘 정부 청사와 국회의사당, 대법원 그리고 중앙은행 등은 모두 서예루살렘에 있다. 경제 부처와 군 관련 기관, 그리고 각국 대사관은 텔아비브에 있다. 네덜란드와 코스타리카, 엘살바도르 등 일부 국가가 예루살렘에 대사관을 둔 적이 있긴 하다. 하지만 유엔이 이스라엘의 예루살렘 점령과 수도 선포를 비난하는 결의안을 채택한 이후 모두 대사관을 철수했다.

1993년 이스라엘과 팔레스타인은 빌 클린턴 미국 대통령의 중재로, 오슬로협정을 통해 '두 국가 해법'에 전격 합의했다. 이에 따라 요르단강 서안과 가자 지구가 팔레스타인 자치 정부 영토로 인정됐다. 예루살렘의 경우 동예루살렘과 서예루살렘으로 나눠, 서쪽은 이스라엘 영유권을 인정해주고 동쪽은 팔레스타인의 영유권을 보장하기로 했다. 하지만 이스라엘은 오슬로협정 뒤 팔레스타인 자치 지역을 인정하고 1967년 제3차 중동전쟁 이후 점령한 땅들에서 공식 철수한 뒤에도, 동예루살렘 불법 점령은 풀지 않았다. 전 세계에서 불러들인 유대인 이주자들이 살 곳을 만들기 위해 요르단강 서안에 정착촌을 짓고 자국민을 살게 했으며, 정착촌들을 잇는 콘크리트 분리 장벽을 세워 영토를 굳히는 작업을 해왔다.

이스라엘이 건설한 분리 장벽에 에워싸인 가자 지구.

오슬로협정 체결 2년 뒤인 1995년 미국 상·하원은 '이스라엘 대사관법Israel Embassy Act'을 가결했다. 미국 대사관을 텔아비브에서 예루살렘으로 옮긴다는 내용이었다. 대사관을 이전한다는 것은 곧 예루살렘을 이스라엘의 수도로 인정한다는 의미다. 다만 이 법에는 유예 조항이 붙었는데, 대통령이 외교적 이해관계를 고려해 결정을 6개월간 보류할 수 있다는 내용이었다. 이 조항을 근거로 빌 클린턴, 조지 W. 부시, 버락 오바마 대통령이 모두 대사관 이전 결정을 유예했다. 트럼프 대통령도 2017년 12월 6일 예루살렘을 이스라엘 수도로 인정하고 대사관 이전 계획을 공식화하기 전까지는 전임 대통령들과 마찬가지였다.

미국이 예루살렘에 대사관 문을 연 지 불과 이틀 뒤인 5월 16일, 남미 국가 과테말라도 텔아비브에 있던 자국 대사관을 예루살렘으로 옮겼다. 파라과이도 예루살렘으로 대사관을 이전했지만, 그해 9월 정권이 바뀌면서 국제법 존중을 이유로 텔아비브로 다시 옮기겠다고 발표해 이스라엘 정부와 외교 분쟁을 빚었다. 2022년 현재 예루살렘에 대사관을 개관한 나라는 미국과 과테말라, 코소보, 온두라스 등 4개국이다.

2020년 1월 28일 트럼프 대통령과 네타냐후 총리가 백악관에서 만났다. 이 자리에서 트럼프 대통령은 '중동 평화 구상'을 발표했다. 팔레스타인 땅인 요르단강 서안에 이스라엘이 불법으로 지은 '정착촌'들을 모두 이스라엘 영토로 인정하겠다는 것이다. 트럼프 대통령은 대신 앞으로 4년 동안 이스라엘이 새로운 정착촌을 세우지 않는 조건을 수락했다고 밝혔다.[2]

정착촌에 사는 이스라엘인은 최소 60만 명으로 추산된다. 이들이 차지한 영토가 서안 전체의 60퍼센트가 넘는다. 이름만 팔레스타인 자치 지역일 뿐, 사실상 이스라엘이 점유하고는 치안 유지를 빌미로 병력을 주둔시키고, 팔레스타인 주민들의 통행을 수시로 통제하고, 심지어 우물조차 팔 수 없게 막고 있다. 트럼프 정부 구상대로라면 팔레스타인은 영토의 절반 이상을 이스라엘에 내주는 셈이 된다. 그 대신 미국은 팔레스타인에게 "독립국가를 세우고 대사관을 개설하는 데 국제금융 500억 달러를 제공하겠다"고 했다. 미국이 원조를 해주는 것도 아니고, 국제금융 기관에 돈을 빌릴 수 있게 해준다는 것을 당근으로 제시한 것이다.

트럼프 대통령은 이 구상을 발표한 뒤 "세기의 거래"라고 자화자 찬했다. 하지만 마무드 아바스 팔레스타인 대통령은 이날 "예루살렘 은 흥정 대상이 아니다. 팔레스타인 민족은 미국의 구상을 역사의 쓰 레기통으로 보낼 것"이라고 비난했다.[3]

2021년 1월 취임한 조 바이든 대통령은 이스라엘과 팔레스타인의 '두 국가 해법'을 다시 존중하겠다는 입장이다. 하지만 전임 대통령 이 강행했던 이스라엘 주권 인정과 예루살렘 주재 대사관을 번복할 지는 미지수다. 당파를 막론하고 유대계 유권자들과 보수 기독교 유 권자들의 눈치를 볼 수 밖에 없는 것이 미국 정치인의 숙명이기 때문 이다.

13 지브롤터, 영국과 스페인의 '300년 싸움'

#EU #브렉시트 #솅겐조약 #이베리아반도 #무적함대
#위트레흐트조약 #세계대전 #아돌프히틀러 #프란시스코프랑코

2014년 4월 2일, 페데리코 트리요Federico Trillo 영국 주재 스페인 대사
가 외무부 청사에 들어섰다. 2011년 부임한 이후 영국 외무부에 불려
간 게 벌써 네 번째, 그의 얼굴 표정에는 긴장감이 감돌았다. 영국 정
부는 이베리아반도 남단인 영국령 지브롤터 갈등과 관련해 스페인
대사를 초치했다고 설명했다. 스페인 해양조사선이 '도발적으로 영
해를 침입'해 주권을 침해했다는 것이었다.[1]

그로부터 3년 뒤인 2017년 4월 4일, 이번에는 스페인 해군 소속 초
계함 한 척이 지브롤터 영해에 진입했다가 영국 해군의 경고를 받고
물러났다. 영국과 스페인은 이 사태를 놓고 서로 다른 주장을 펼쳤다.
영국 외무부는 "해군이 영국령 지브롤터 영해에서 모든 불법 침입을
검문하고 있다"며 "이번 경우도 마찬가지로 대응했다"고 밝혔다. 반
면 스페인 외무부는 함선이 자국 영해를 항해했을 뿐 영국 영해를 침

범하지는 않았다고 주장했다.[2]

스페인 속 작은 영국

스페인은 영국이 EU에서 탈퇴하는 브렉시트Brexit를 앞두고 있을 때 또다시 지브롤터 문제를 제기하고 나섰다. 2018년 2월 25일 알폰소 다스티스Alfonso Dastis 외무부 장관은 영국『파이낸셜타임스』와의 인터뷰에서 "스페인은 지브롤터 공항 공동 관리와 탈세, 담배 밀수 등과 관련해 더욱 협력하기를 바란다"며 "주권도 포기할 수 없는 부분이지만 이번 협상 단계에서 다루는 문제는 아니다"라고 밝혔다.[3]

스페인은 지브롤터 공항을 "스페인 땅에 불법으로 지은 공항"이라고 주장하면서, 브렉시트를 앞두고 EU와 영국이 체결하는 지브롤터 공항 관련 협상에 거부권을 행사하겠다고 경고해왔다. 1713년 스페인 왕위 계승 전쟁을 마무리하기 위해 체결된 위트레흐트조약에 따라 스페인이 영국에게 지브롤터의 항구과 마을을 할양한 것은 맞지만, 공항을 건립할 권리까지 주지는 않았다는 것이다. 반면 영국은 지브롤터 공항이 자국 땅에 지은 자산이라는 입장을 고수하고 있다. 브렉시트 발효 불과 하루 전인 2020년 12월 31일, 영국과 스페인 정부는 지브롤터에 관한 성명을 발표했다. 양국이 장시간에 걸쳐 협상을 벌인 끝에, 영국의 EU 탈퇴 이후에도 지브롤터가 셍겐조약 등 EU의 일원으로 누릴 수 있는 모든 프로그램에 참여할 수 있도록 합의했다는 것이다.[4]

영국과 스페인 사이에 영토 분쟁이 끊이지 않는 스페인 남단의 지브롤터.

셍겐조약은 EU 회원국 간에 체결된 국경 개방 조약이다. 1985년 프랑스, 독일, 벨기에, 네덜란드, 룩셈부르크 5개국 대표가 룩셈부르크의 작은 마을 셍겐에 모여 국경 검문소 철폐와 자유로운 왕래를 약속하고 최장 90일간 비자 없이 여행할 수 있도록 합의했다. 지브롤터로 일하러 다니는 스페인 국민이 1만 5,000명 이상, 실제로 이 영국령 지역의 노동력 거의 절반을 차지하기 때문에 지브롤터에 대한 셍겐조약 적용 여부는 매우 중요한 문제다.

'스페인 속 작은 영국'으로 불리는 지브롤터는 이베리아반도 남쪽 끝에 있다. 여의도 면적의 3분의 2 정도인 6.8제곱킬로미터, 총 인구는 약 3만 명. 안달루시아 지역의 카디스주에 위치한 라 리네아 데 라 콘셉시온과 국경을 맞댄 이곳은 영국의 해외 영토 열네 개 중 유일하게 유럽 대륙에 자리 잡고 있다. '더 록The Rock'이란 별명으로 불리기도 하는 높이 425미터의 지브롤터 바위산을 제외하면 인상적인 문화재나 지형지물은 거의 없다. 영국 정부가 파견하는 총독이 있지만, 외교와 국방을 제외한 모든 통치 권한은 총선으로 선출된 자치 정부가 갖고 있다.

스페인의 자존심이 걸린 '타리크의 산'

지브롤터는 '타리크의 산Jabal Tāriq'이라는 뜻으로 아랍어에서 온 이름이다. 타리크는 무어인 지도자 타리크 이븐 지야드Tariq ibn Ziyad를 가리킨다. 711년, 그가 이끄는 이슬람 세력은 지브롤터를 차지한 후 스페인을 정복해나갔다. 스페인은 1501년 지브롤터를 되찾았지만 200여 년 뒤 다시 외세에 빼앗기는 수모를 당했다.

영국과 스페인은 유럽과 아프리카 대륙, 대서양과 지중해의 관문인 지브롤터를 둘러싸고 수백 년째 치열한 영토 분쟁을 벌이고 있다. 스페인은 포클랜드Falklands(스페인어로는 말비나스Malvinas) 때문에 반영 감정이 높은 아르헨티나와 연대해 끊임없이 지브롤터 갈등을 부각시키고, 영국은 지브롤터를 건드릴 경우 전쟁도 불사하겠다는 자세다.

한동안 잠잠하던 지브롤터 갈등이 수면 위로 올라온 것은 2013년이었다. 지브롤터 자치 정부가 수자원 보호를 명목으로 인근 바닷속에 콘크리트 어초를 투하한 것이 직접적인 계기가 됐다. 스페인은 지브롤터 측이 사전 통보도 없이 영해가 맞닿은 지점에 어초를 투하했고, 자국 어선의 어망이 이 어초에 걸려 찢어지는 등 피해가 잇따르고 있다며 보복 조치로 국경 검문검색을 강화했다. 평소 몇 분밖에 걸리지 않던 국경 통과 시간이 무려 대여섯 시간으로 늘어나면서, 30도가 넘는 한여름 땡볕 아래 순서를 기다리는 사람과 자동차가 몇 킬로미터씩 뒤엉켜 아수라장이 됐다. 이런 와중에 영국은 해군의 지브롤터 지역 군함 훈련을 강행해 긴장을 조성했고, 이에 맞서 스페인은

스페인 남부의 영국령 지브롤터. 계속해서 반환을 요구하는 스페인과 주권을 지켜나가겠다는 영국의 줄다리기가 이어지고 있다.

지브롤터행 비행기의 스페인 영공 통과를 불허하겠다며 으름장을 놓았다.

양국이 이처럼 신경전을 벌이는 것은 지브롤터의 지정학적, 경제적 중요성 때문이다. 영국으로서는 지브롤터가 지중해로 들어가는 출입문인 데다, 이곳에 있는 해군 기지를 통해 유럽 본토에 군사적 영향력을 행사해온 터였다. 영국이 지브롤터 영해권을 행사한다는 것은 스페인 입장에서는 분통 터지는 일이다. 스페인이 지브롤터의 콘트리트 어초에 그토록 민감하게 반응한 이면에는 영해권 문제가 있는 셈이다. 스페인 입장에서는 지브롤터의 세율이 너무 낮은 것도 못마땅하다. 영국이 지브롤터의 세율을 낮춰 스페인 부호들의 탈세를 부추긴다는 것이다. 스페인의 법인세율은 25퍼센트인 반면, 지브롤터는 10퍼센트에 불과하다.

지브롤터 갈등이 장기화될수록 피해를 보는 쪽은 사실 스페인이다. 그럼에도 스페인은 아르헨티나와 손잡고 지브롤터 문제를 유엔 안전보장이사회에 상정하는 계획을 추진 중이다. 1960년 통과된 유엔 결의안 1514호에 "영토 통합을 해하는 시도는 유엔헌장 원칙과 불일치한다"는 조항을 근거로, 원래 스페인 땅이던 지브롤터 통합을 영국이 막고 있다는 주장이다. 반면 영국은 유엔 결의안 1514호가 자결권을 인정함에도 지브롤터 국민들이 스스로 영국 속령으로 남기로 결정했다고 주장한다.

유럽의 역사를 바꾼 전쟁

지브롤터를 둘러싼 영국과 스페인의 갈등의 역사는 16세기로 거슬러 올라간다. 엘리자베스 1세 치하의 잉글랜드와 펠리페 2세의 에스파냐는 해상 패권을 놓고 치열한 경쟁을 벌였다. 헨리 8세부터 시작된 종교 갈등도 양국 관계의 악화 원인 중 하나였다. 잉글랜드가 가톨릭을 탄압하자 에스파냐는 아일랜드 가톨릭교도들의 반란을 지원했고, 영국은 이에 대한 복수로 에스파냐령 네덜란드의 독립 세력을 부추겼다.

에스파냐는 결국 1588년 8월 당시 최강 전력을 자랑하던 무적함대 '아르마다Armada'를 동원해 잉글랜드 토벌에 나섰다. 메디나 시도니아 Medina Sidonia 장군이 이끈 함대는 전함 22척과 무장 상선 108척으로 이뤄져 있었다. 영국해협에서 벌어진 해전의 결과는 에스파냐의 참패. 아르마다 함대는 잉글랜드 해군의 공격에 어이없이 무너졌을 뿐만 아니라 퇴각하던 중 큰 폭풍을 만나 그나마 남은 전함과 무장 상선까지 잃고 말았다.

이 전투로 에스파냐는 선박 35척과 600명이 넘는 군인을 잃었다. 부상자는 800명이 넘었고 포로로 잡혀간 군인도 397명이나 됐다. 반면 잉글랜드는 화공선 8척을 소실하고 군인 약 100명을 잃는 데 그쳤다. 이 해전은 유럽의 역사를 바꾼 사건으로 평가받는다. 스페인 무적함대를 물리친 영국이 해상 패권을 장악하면서 '해가 지지 않는 대영제국'으로 발돋움했기 때문이다.

100여 년 뒤인 1704년, 영국이 스페인 왕위 계승 전쟁에 개입하면

1704년 영국-네덜란드 연합 함대의 지브롤터 점령을 묘사한 그림.

서 두 번째 충돌이 벌어졌다. 스페인의 카를로스 2세가 후계자 없이
죽자, 복잡하게 얽힌 혼맥으로 유럽의 전 왕실이 왕위 계승권을 주
장하고 나섰다. 이런 와중에 1704년 8월 4일 영국의 조지 루크George
Rooke 제독이 이끄는 영국-네덜란드 연합 함대가 지브롤터를 전격 점
령하는 데 성공했다. 그리고 1713년 7월에 체결된 위트레흐트조약에
따라 프랑스 국왕 루이 14세의 손자이자 루이 15세의 숙부인 '앙주의
필리프Philippe d'Anjou' 공작이 스페인 국왕으로 인정받는다.
    스페인 보르본 왕조의 초대 국왕이 된 펠리페 5세는 왕좌를 차지
하는 대가로 프랑스 왕위 계승권은 물론 유럽 곳곳에 있던 영토까지

포기했다. 이때 영국은 스페인 땅이던 지브롤터와 메노르카 섬을 얻어 지중해에 자국 해군이 활용할 수 있는 중요한 거점을 확보했다. 영국은 1830년 지브롤터의 법적 지위를 왕령 식민지Crown Colony로 정했고, 1946년에 '영국 해외령'으로 변경했다.

히틀러, 무솔리니, 프랑코… 독재자들의 은밀한 협상

지브롤터는 제2차 세계대전 당시 연합군의 주요 작전 기지였다. 독일 공군은 미군의 거점을 초토화하기 위해 지브롤터를 무차별 폭격했고, 지브롤터 점령 계획도 세웠다. 바로 '펠릭스 작전Operation Felix'이다.

1940년 6월 프랑스를 점령한 독일 나치군 내부에서는 영국을 견제하기 위해 영국령 지브롤터를 점령해 유보트U-Boot 잠수함 기지로 사용하자는 주장이 나왔다. 나치 공군 총사령관이던 헤르만 괴링Hermann Göring은 아돌프 히틀러 총통에게 직접 영국을 침공하기보다는 지브롤터 점령 필요성을 제안했고, 알프레트 요들Alfred Jodl 장군도 스페인, 지브롤터, 북아프리카, 수에즈운하를 점령하는 작전을 제안했다. 1940년 8월 24일, 드디어 히틀러의 공식 승인이 떨어졌다.

1940년 10월 23일 히틀러와 스페인 독재자 프란시스코 프랑코가 프랑스 국경 마을 앙다예에서 은밀히 회동했다. 독일 육군이 국경을 넘어 지브롤터로 들어가려면 스페인의 협력이 반드시 필요했기 때문이다. 히틀러는 프랑코에게 영국령 지브롤터를 점령했다가 스페인에게 돌려줄 테니 '추축국Axis Powers' 일원으로 전쟁에 참여하라고 제안했다. 나치와 꽤 돈독하던 프랑코의 반응은 의외였다. 오랜 내전으로 스페인이 피폐해졌기 때문에 다시 전쟁을 벌일 여유가 없다는 것이었다.

프랑코는 독일을 애태워 경제적, 군사적으로 더 많은 이익을 뜯어낼 속셈이었다. 그는 참전하는 조건으로 영국에 빼앗긴 지브롤터는 물론 북아프리카의 프랑스령 일부를 요구했다. 이에 열 받은 히틀러가 이탈리아 독재자 베니토 무솔리니Benito Mussolini에게 편지를 보내 "프랑코와 다시 만나 협상하느니 차라리 내 이빨 서너 개를 뽑겠다"고 토로했다는 것은 유명한 일화다.[5]

히틀러와 프랑코가 결국 협력 각서에 서명하긴 했지만 '펠릭스 작전'은 실현되지 못했다. 프랑코가 계속 모호한 태도를 보인 데다 동부 전선 상황이 악화되면서 지브롤터에 신경 쓸 여유가 없어졌기 때문이다.

제2차 세계대전 종전 후 지브롤터는 또다시 유럽의 골칫덩어리로 부상한다. 프랑코 총통은 영국을 상대로 지브롤터 반환을 요구하며 1969년 6월 8일 국경을 봉쇄했다. 발단은 같은 해 영국이 제정한 지브롤터헌법이었다. 이 헌법은 지브롤터의 완전한 자치권을 보장하고, 주민들의 동의 없이는 지브롤터의 지위 변경에 대해 어떤 협상도 할 수 없도록 한 것이 핵심이었다. 스페인의 국경 및 경제 봉쇄 조치에 맞서 지브롤터 자치 정부는 그해 9월 10일 '주권 주민투표'를 강행했다. 헌법에 따라 주민들이 직접 주권을 결정하겠다는 것이었다. 결과는 '영국 주권 찬성' 99.64퍼센트. 스페인 주권을 지지한 주민은 0.36

퍼센트에 불과했다. 영국의 뜻대로 된 셈이다.

그로부터 13년 뒤인 1985년 2월 5일에야 스페인과 지브롤터의 국경이 완전히 개방됐다. 스페인 정부가 EU의 전신인 유럽공동체EC, European Community에 가입 허가를 받는 조건으로 지브롤터 문제를 덮은 것이다. 지브롤터 주민들은 2002년 7월 12일 주민투표에서도 영국의 손을 들어줬다. '영국과 스페인의 지브롤터 공동 주권을 지지하는가?'란 물음에 투표자의 98.97퍼센트가 반대표를 던졌다. 지지는 1.03퍼센트에 불과했다. 2016년 주민투표에서는 96퍼센트가 EU 잔류를 선택했다. 2016년 브렉시트 국민 투표 당시에도 지브롤터 주민의 96퍼센트가 스페인이 아닌 영국령 존속을 지지했다.[6]

14 이란과 미국, 길고 긴 앙숙의 역사

#CIA #세계대전 #팔레비왕조 #MI6 #쿠데타
#아야톨라호메이니 #지미카터 #이란이슬람공화국

2013년 8월 미국 CIA는 60년 동안 숨겨온 방대한 기밀 문건을 공개했다. 시민 단체가 소송을 내는 등 정보 공개를 요구하며 끈질기게 활동한 결과였다. 공개된 문건은 1953년 이란 쿠데타 작전에 관한 것이었다. 이 문건들을 통해 CIA가 이란 국민들이 뽑은 모하마드 모사데그Mohammad Mosaddegh 총리를 쫓아내기 위해서 쿠데타를 사주했다는 사실이 드러났다.[1]

사실 미국이 1953년 이란 쿠데타의 주모자였다는 것은 이미 널리 알려져 있었다. 하지만 CIA가 내부 기밀문서를 공개해 이를 인정하기는 처음이었다. 21세기까지 미국과 이란 간에 이어지고 있는 원한의 뿌리와 증오의 책임이 미국 정부에 있음을 비로소 시인한 것이었다.

CIA, 쿠데타를 부추기다

미국과 이란은 대체 언제부터 철천
지원수가 된 것일까? 모든 것은 석유
때문이었다. 미국이 처음 시작한 일은
아니었다. 자동차 보급과 제1차 세계
대전으로 석유의 중요성이 커지는 가
운데 1921년 이란에서 카자르 왕조를
뒤엎는 쿠데타가 발생했다. 쿠데타 주
역은 군인 출신의 레자 샤 파흘라비
(팔레비)Reza Shah Pahlavi였다. 군사를 이
끌고 정권을 잡은 팔레비는 1925년
카자르 왕조의 폐지를 선언하고, 의회
의 추대를 받는 형식으로 이란의 새
황제로 즉위했다. 이란의 마지막 왕조
인 팔레비 왕조가 열린 것이다.

제복을 입은 레자 샤. 팔레비 왕조를
연 뒤 1930년대 촬영한 사진이다.

미국 재정 고문관을 고용하고 근대 교육제도를 도입하는 등 친서
방 노선을 취한 레자 샤 팔레비 국왕은 1933년 4월 영국 석유회사 BP
의 전신인 영국-이란 석유회사AIOC, Anglo-Persian(Iranian) Oil Company와 계
약을 체결했다. 이 회사가 이란 유전에서 채굴하는 원유에 대해 가
격 변화와 상관없이 톤당 로열티 4실링, 그리고 일정 기준 이상으로
발생하는 글로벌 수익의 20퍼센트를 왕실에 지불하는 조건이었다.
AIOC는 이란 근로자 고용, 학교 건립 등도 약속했다. 대신 1993년까

지 무려 60년간 이란에서의 석유 채굴 독점권을 가졌다.

상부상조하는 듯하던 영국과 이란 왕실의 관계는 제2차 세계대전이 발발하면서 틀어진다. 그 어느 때보다도 석유가 필요한 상황에서 이란 국왕이 중립을 선언하고는 연합국에 협력하기를 거부한 것이다. 그러자 독일이 이란 유전을 차지할까 우려한 영국과 소련은 1941년 8월 25일부터 9월 17일까지 이란을 침공했다. 국왕은 왕세자 모함마드 레자Mohammde Reza(팔레비 2세)에게 왕위를 넘기고 남아프리카공화국으로 망명했다.

제2차 세계대전이 끝나자 영국과 소련의 군대는 철수했다. 하지만 이란 국민들의 대영 감정은 더욱 악화됐다. AIOC를 실질적으로 좌지우지하는 영국 정부가 이란 원유 이익 배분 비율 20퍼센트를 멋대로 어기는 등 1933년 체결한 계약 조건을 지키지 않는다는 비판이 제기됐기 때문이다. 이런 가운데 1951년 총선에서 민족주의 성향이 강한 야당 국민전선이 국민의 지지를 받아 승리했고, 당수 모사데그가 총리에 취임했다. 모사데그는 전격적으로 AIOC를 국유화하고, 국왕의 권한을 일부 제한하는 정책을 폈다. 영국처럼 국왕은 통치하되 군림하지 않는 존재여야 한다는 것이 모사데그의 신념이었다.

AIOC 국유화에 영국 정부에는 초비상이 걸렸다. 클레멘트 애틀리Clement Attlee에 이어 총리가 된 윈스턴 처칠은 모사데그 정부를 제거하기로 결심하고 해리 트루먼 미국 대통령에게 SOS 신호를 보낸다. 명분은 소련 공산주의 차단이었다. 그러나 진짜 목표는 반외세 민족주의 정권을 함께 무너뜨리고 이란의 석유 자원을 차지하려는 것이었다.

영국의 제안에 당초 트루먼 미국 행정부는 회의적인 태도를 보였다. 괜히 휘말렸다가는 이란과 중동 지역에서 미국의 위상이 흔들릴 수 있다고 판단한 것이다. 게다가 미국은 한반도에서 전쟁 중이어서 중동 정세에 신경 쓸 여유가 없었다. 하지만 1953년 드와이트 아이젠하워 대통령이 취임한 후 미국의 대이란 정책이 달라졌다. 소련이 막후에서 이란 정치를 좌우하고 있다는 영국 정부의 설득에 귀를 기울이기 시작한 것이다.

영국의 대외 정보국 MI6와 CIA는 이란에서 친국왕 쿠데타를 벌이는 합동작전에 돌입한다. MI6의 작전명은 '부트 작전Operation Boot', CIA는 '아약스 작전Operation Ajax'이었다. 1953년 8월 15일, 영국과 미국의 지원을 받은 파즐롤라 자헤디Fazlollah Zahedi 장군이 친위 쿠데타를 일으켰다.

하지만 대대적인 반정부 시위가 벌어지자 자헤디 장군은 체포를 피하기 위해 도망쳤고, 친위 쿠데타를 지시한 국왕 팔레비는 이라크 바그다드를 거쳐 이탈리아 로마로 피신했다. 이렇게 쿠데타는 실패하는 듯했다.

하지만 나흘 뒤 판세가 바뀌었다. MI6와 CIA는 은밀하게 돈을 풀어 반모사데그 시위를 벌였고, 그 와중에 군이 질서 회복을 명분으로 탱크를 동원해 모사데그를 체포하면서 쿠데타에 성공한 것이다.[2] 아약스 작전의 책임자였던 커밋 루스벨트 2세Kermit Roosevelt Jr.는 1979년 출간한 자서전 『카운터쿠Countercoup』에서 1953년 CIA 고위 요원으로서 이란 쿠데타 작전을 책임지고 진행했으며, 영국 MI6의 지원을 받았다고 밝혔다. 그는 시어도어 루스벨트 미국 대통령의 손자다.

쿠데타가 성공하자 팔레비 2세는 귀국해 다시 권력을 잡았다. 모사데그는 3년형을 살고 출감한 후 고향에서 사실상 연금 상태로 살다가 1967년에 생을 마감했다.

쿠데타로 강력하게 왕권을 다진 팔레비 2세는 철권을 휘둘렀다. 노골적인 친미·친서방 정책을 표방한 그는 비밀경찰을 동원해 민주 인사들을 가혹하게 탄압했다. 민주주의를 주장하는 대학생과 지식인, 반외세 이슬람 원리주의를 주장하는 종교 지도자 들이 '반왕실 반팔레비'란 기치 아래 하나로 모인 것은 자연스러운 수순이었다.

세계를 강타한 '테헤란 대사관 점거'

1979년 11월 4일, 이란 수도 테헤란에서 미국은 물론 전 세계를 경악시킨 사건이 일어났다. 대학생들이 미국 대사관 담을 넘어가 건물을 점령하고 90명을 인질로 잡은 것이다. 앞서 10월 아야톨라 루홀라 호메이니Ayatollah Ruhollah Khomeini 가 이끄는 이슬람 혁명으로 권좌에서 쫓겨난 팔레비 2세에게 미국 정부가 췌장암 치료를 이유로 입국 허가를 내준 것이 문제였다. 이들은 여성과 흑인을 풀어준 뒤 남은 52명을 인질로 잡고, 미국 정부에게 팔레비 2세를 즉각 인도하라고 요구했다.

1980년 4월 24일 지미 카터 대통령은 이른바 '독수리 발톱 작전 Operation Eagle Claw'을 승인했다. 특공대원 90명이 테헤란 외곽에 침투한 다음 헬리콥터를 이용, 대사관 안으로 전격 진입해 인질을 빼내오는 작전이었다. 하지만 헬기 여덟 대 중 두 대가 고장을 일으킨 데다, 헬

1980년 테헤란의 미 대사관에 억류된 인질들을 구출하려던 '독수리 발톱 작전'은 처참한 실패로 끝났다.

기 한 대와 수송기가 모래 폭풍에 휩싸여 충돌하는 바람에 승무원 여덟 명이 사망하고 네 명이 부상하면서 작전은 처참한 실패로 끝이 났다. 결국 이듬해 1981년 1월 로널드 레이건 대통령 취임식에 맞춰 인질들이 풀려나면서 테헤란 미국 대사관 점거 사태는 444일 만에 종결됐다. 이 사건을 계기로 단절된 양국 외교 관계는 40년이 넘은 현재까지 이어지고 있다.

이란이슬람공화국의 정치 구조는 이슬람 법학자 통치와 민주주의를 조합한 독특한 형태다. 행정부 수반은 4년마다 국민이 직접선거로 뽑는 대통령이지만, 국가원수는 종신직인 최고지도자다. 즉 세속 정치 세력과 이슬람교 지도자가 권력을 나눠 갖는 일종의 과두 통치 체제라고 할 수 있다.

흔히 '라바르rahbar'라 불리는 최고지도자는 행정부와 협의해 모든 정책을 결정하고 감독하며 군 통수권, 전쟁 및 종전 선언권을 가진다. 행정부 수반은 정규군 통수권을 갖는 반면, 최고지도자는 정예군 혁명수비대와 준경찰 조직인 바시즈Basij 민병대의 통수권을 가지고 있다. 또 국민이 선출한 대통령에 대해 임명권을 갖고, 대법원 판결이나 국회가 재적 3분의 2 찬성으로 탄핵한 대통령의 최종 해임권도 갖고 있다. 최고 권력 기구이자 대선 후보 심사권을 가진 혁명수호위원회의 위원 열두 명 중 여섯 명을 임명할 수 있고, 사법부 수장인 대법원장과 국영 언론사 사장 임명권 역시 최고지도자의 몫이다. 국회를 통과한 법률이 이슬람법에 맞는지 여부를 다시 심사한 후 통과 또는 거부할 수 있는 권한 역시 그에게 있다.

최고지도자는 국가지도자운영회의에서 투표로 뽑는다. 국가지도자운영회의는 국민 직선으로 선출된 이슬람법학자 86명으로 구성되며, 임기 8년인 위원들은 최고지도자를 뽑고 감독하며 해임할 수도 있지만 실제로 감독 및 해임권을 행사한 적은 아직 없다. 최고지도자의 유고로 자리가 비면 새로운 지도자가 선출될 때까지 대통령, 대법원장, 헌법수호위원회의 이슬람법학자 3인으로 구성된 운영 회의가 직무를 대행하게 된다.

호메이니와 그의 후계자

초대 최고지도자는 1979년 이슬람 혁명의 중심이었던 아야톨라 호

이슬람 혁명으로 최고지도자가 된 아야톨라 호메이니(왼쪽)와 그의 후임자인 알리 하메네이.

메이니다. 1989년 호메이니가 사망하자 국가지도자운영회의는 고인이 사실상 후계자로 지목했던 알리 하메네이Ali Khamenei를 최고지도자로 선출했다.

하메네이는 1960년대부터 국왕인 샤Shah에 반대하는 운동에 뛰어들면서 호메이니의 최측근 인사가 됐다. 1979년 혁명 후 이슬람공화당 사무총장과 헌법수비대 차관 등 요직을 지내다가, 1981년 모하마드 알리 라자이Mohammad Ali Rajai 대통령이 폭탄 테러로 살해된 후 선거로 대통령에 당선돼 1989년까지 재임했다. 1981년 폭탄 테러 당시 현장에 있었던 그는 오른팔에 심한 상처를 입어 잘 쓰지 못한다.

미국과 이란 관계는 2001년 9·11 테러 뒤 미국이 아프가니스탄에 있는 탈레반을 축출할 때 이란이 협력하는 등 부분적으로 개선되는 조짐이 보였지만, 이란 핵 개발로 다시 냉각됐다. 그런 가운데 2009년에 출범한 버락 오바마 행정부가 대이란 정책의 변화를 추진하면서 2015년 드디어 이란 핵 협상이 타결됐다. 2017년 트럼프 대통령이 핵 합의를 뒤집으면서 양국 관계는 다시금 크게 악화됐다. 바이든 정부가 들어선 뒤 핵 합의를 되살리는 협상이 다시 시작됐다.

미국은 1979년 이란에서 이슬람 혁명이 일어났을 당시 테헤란 주재 미국 대사관이 시위대에 점령돼 자국민들이 인질로 억류됐던 사건을 아직도 잊지 못하고 있다. 그때의 치욕은 미국 보수 진영이 이란 체제에 보이는 거부감과 증오의 뿌리라고 할 수 있다. 반면 이란 국민들은 1953년 자국의 민주 정부를 쿠데타로 제거한 미국의 만행을 잊지 못한다. 2018년 8월 19일, 자바드 자리프 이란 외무부 장관은 트위터에서 "65년 전 오늘 미국은 이란 대중이 선출한 모사데그 박사의 민주 정부를 전복하고 독재를 복원한 뒤 이란인들을 25년간 예속시켰다"고 비판했다.[3]

15 21세기의 해적들

#아덴만 #소말리아해적 #바르바로사 #오스만튀르크
#마다가스카르 #카리브해 #아프리카의뿔 #무솔리니

2021년 10월, 컨테이너를 가득 실은 파나마 선적의 화물선 루시아호 MSC Lucia가 대서양 연안 기니만을 지나다 해적의 공격을 받았다. 고속정을 탄 해적들이 접근하더니 배에 기어오르기 시작했다.

선원들은 엔진실에 숨어들어 구조 요청을 발신했다. 주변을 순찰하던 러시아 해군 함정들이 쫓아가 배를 구해냈다. 해적은 쫓겨 도망갔지만, 이 사건은 이 일대에서 벌어지는 숱한 해적 사건 가운데 하나였을 뿐이다.

기니만의 무법자들

2020년 6월 서부 아프리카 베냉 앞바다에서 가나에 선적을 둔 어선

파노피 프론티어Panofi Frontier호가 괴한의 공격을 받아 한국 선원 다섯 명을 포함해 여섯 명이 납치됐다. 괴한들의 정체는 밝혀지지 않았으나 서아프리카 해안에서 기승을 부리는 해적의 짓으로 추정됐다. 선원들은 다행히 한 달 만에 풀려났지만 비슷한 사건이 그해 내내 이어졌다.

한때 세계를 떠들썩하게 했던 동아프리카 아덴만 일대의 소말리아 해적 사건은 한국을 포함한 국제 공동작전으로 많이 줄었다. 하지만 대륙 건너편 서아프리카의 기니만에서 몇 년 새 해적이 판을 치고 있다. 남쪽 앙골라에서 북쪽 세네갈까지 6,000킬로미터에 이르는 해안선을 따라 20개국이 늘어서 있는데, 해적 공격이 특히 잦은 곳은 가나, 토고, 베냉, 나이지리아, 카메룬 일대다. 국제해사기구IMB, International Maritime Bureau에 따르면 2020년 기니만에서 일어난 해적 사건은 75건이다. 전 세계에서 보고된 195건의 절반가량이 서아프리카에서 일어난 것이다.

2015년부터 2020년까지 일어난 지역별 해적 사건 수.

동아프리카에서 해적이 판치던 곳은 지중해-홍해-아덴만-인도양으로 이어지는 세계 물류의 중요한 길목이었다. 그래서 해적이 기승을 부렸고, 그만큼 세계의 관심도 높아 국제사회가 적극 대응에 나섰다.

반면 기니만 일대는 나이지리아의 니제르델타 유전 지대를 빼면 세계 경제에서 차지하는 비중이 작다. 어선과 원자재를 실어나르는 배가 적지 않지만 서아프리카는 연안국들의 군사력이 약하고 세계의 관심이 적으니 자연히 해적이 늘어났다. '땅 위의 빈곤'이 '바다의 위험'으로 이어진 셈이다. 소말리아 앞바다의 위험이 널리 알려지면서 선박들이 항로를 서아프리카 쪽으로 바꾼 것도 원인이었다.

2011년 나이지리아와 베냉이 '번영 작전Operation Prosperity'이라는 이름으로 공동 소탕 작전을 벌인 적이 있다. 공동 대응이라기보다는 나이지리아군이 작전을 할 수 있도록 베냉이 영해를 열어주고 정보를 공유한 정도였다. 일시적으로 해적이 줄어드는 성과가 있었지만 작전은 반년 만에 종료됐다. 2013년 카메룬의 수도 야운데에서 관련국들이 '야운데 선언Yaoundé Declaration on the Gulf of Guinea Security'이라는 이름으로 모니터링과 소탕 작전 등 공동 대응 계획을 발표했으나 강제력이 없었고, 제대로 실행되지도 않았다. 2014년 EU가 야운데 선언의 실행을 돕겠다고 했고 IMB도 2017년 서아프리카 해상 보안 강화 전략을 내놨지만 뒤따르는 '행동'이 없었다.

토고의 포르 냐싱베Faure Gnassingbé 대통령이 2019년 7월 런던에서 기니만 해적 대책을 지원해달라고 호소했으나 이것도 효과를 보지 못했다. 이듬해 인도가 자국 선원들이 기니만 일대 선박에서 일하지 못하게 금지한 것처럼 피해를 입은 나라들이 개별 대응하는 수준에 그치고 있다.

가장 큰 문제는 서아프리카 해적의 공격이 인명 피해로 이어지기 쉽다는 점이다. 아시아와 라틴아메리카의 해적은 주로 선박의 화물을 훔쳐 밀거래하는 것을 목적으로 삼는다. 반면 서아프리카 해적은 과거부터 중무장을 하고 오일 탱커 습격에 치중해왔다. 나이지리아 유조선을 노리는 해적들을 가리키는 '페트로 해적petro-piracy'이라는 말이 있을 정도다. 2014년 이후 저유가로 수익성이 떨어지자 이 지역에서 소말리아 해적을 본뜬 인질 납치와 몸값 뜯어내기가 늘었다. 민

아프리카 동부의 소말리아에 이어, 서부의 기니만이 해적들이 자주 출몰하는 위험 지역으로 떠올랐다.

간 기구인 원 어스 퓨처OEF, One Earth Future Foundation에 따르면 2018년 기니만 일대에서 해적에 납치된 사람이 200명 가까이 된다. 피해자 절반이 필리핀, 인도, 우크라이나, 나이지리아 국적 선원이었다. 선박 소유국, 선원들의 국적, 피해 발생국이 모두 다른 것도 집중 대응을 힘들게 만드는 요인이다.

'해양법에 관한 유엔 협약UNCLOS, United Nations Convention on the Law of the Sea'에 따라 엄밀히 말하자면 한 국가의 영해에서 선박을 습격하는 것은 해적이 아니라 무장 강도 사건이다. 해안선 12해리 밖 공해 상에서 어느 나라의 사법제도에도 구속되지 않은 채 선박을 공격하는 것이 해적 행위에 해당한다. 하지만 통상 바다 위 선박에서 일어나는 사건을 모두 해적 피해로 분류한다. 아시아에서는 말레이시아와 인도네시아 사이 믈라카해협, 라틴아메리카에서는 카리브해와 베네수엘라 앞바다가 해적으로 악명 높다. 모두 물류의 길목이거나 석유 수출항이 가까운 곳들이다.

총독이 된 '바다의 왕'

에게해에 있는 레스보스섬은 지금은 그리스 땅이지만 1462년부터 1912년까지는 오스만튀르크의 지배를 받았다. 이 섬 출신 유명인 중에 '붉은 수염' 바르바로사Barbarossa가 있다. 오스만튀르크의 고위직을 지낸 하이레딘 파샤Barbaros Hayreddin Paşa다. 주로 키드르Khiḍr라는 이름으로 불린 그에게는 '바다의 왕'이라는 별칭이 있었다.

아루지Arūj 혹은 오루치Oruç라고 알려진 형과 함께 '바르바로사 형제'로 불리는 하이레딘은 15세기 말 스페인이 이베리아반도에서 이슬람 세력을 몰아내던 시기에 지중해에서 해적으로 이름을 날렸다. 바르바로사 형제는 스페인과 포르투갈 왕국의 군대가 북아프리카까지 넘보자 그에 맞서 선박 공격을 감행했고, 오스만튀르크로부터 북아프리카 일대의 지배권을 인정받았다. 이베리아의 왕국들에게는 악명 높은 해적이지만 북아프리카 무슬림에게는 지중해의 영웅이었던 셈이다. 오스만튀르크는 그들을 포섭하려 애썼으나, 형제는 이스탄불의 지배 세력과 거리를 두며 독자적인 세력권을 구축했다고 한다.

17세기의 헨리 모건Henry Morgan은 영국 출신 해적이다. 중미 카리브해에서 활개를 치면서 부하들과 함께 쿠바의 푸에르토 프린시페를 약탈했고, 파나마의 포르토벨로를 점령하기 위해 현지 주민들을 '인간 방패'로 써 악명을 떨쳤다. 1672년 체포됐지만 식민지 쟁탈전에 여념이 없던 영국은 오히려 그를 자메이카 총독으로 앉혔다.

18세기 말 중국에 기근이 들이닥쳤다. 해안 지대 주민들이 굶주림에 내몰렸고, 일부는 바다로 나가 해적이 됐다. 가장 두드러진 인물이 서양에서 칭이Ching Yih로 알려진 쩡이鄭一다. 역사상 최대 규모의 해적 선단을 꾸린 것으로 기록된 쩡이는 19세기 초반 무려 500~700척의 해적선을 거느리고 광둥해 일대를 누볐다.

그가 죽은 뒤 거대한 해적 사업은 아내 쩡이사오鄭一嫂가 물려받았다. 부부의 해적선은 명나라 해군을 무력화하면서 유럽 상선들을 위협했고 유럽인 인질을 잡아 몸값을 받아내기도 했다. '칭시Ching Shih'라는 광둥식 이름으로 더 유명한 쩡이사오는 이례적인 여성 해적선장이자 '경영자'였으며 그 휘하에 부하가 무려 7만~8만 명에 이르렀다. 거느린 선박만 해도 2,000척이 넘었다.

서방의 공략을 받던 시기의 명나라 해안은 해적이 득시글했다. 무능한 정부와 가난이 사람들을 바다로 내몰았기 때문이다. 페르시아만 남부 해역에서는 18세기 후반에 알카시미Al Qasimi라고 부르는 지방 권력자가 장악하고 해적질을 벌였다. 영국이 '해적 해안'이라 불렀을 정도다. 해적은 근대적인 국제법과 해군 체계가 생겨나기 전까지 세계의 거의 모든 바다에서 빼놓을 수 없는 존재였다. 항해의 역사만큼이나 해적의 역사도 길다.

해적의 황금 시대

특히 1650년대부터 1730년대까지는 대양을 오가는 제국 선박과 상선의 왕래가 늘면서 해적이 판을 쳐 '해적의 황금 시대'라고 불린다. 카리브해, 영국 앞바다, 인도양, 북미와 서아프리카 해안 등등 곳곳에 해적이 넘쳐났다. 17~18세기, 아프리카와 가까운 인도양의 섬 마다가스카르는 한때 1,000명 넘는 해적이 기식하면서 해적 소굴로 악명을 떨쳤다.

해적이라 하면 아마도 영화로 유명해진 카리브해가 가장 먼저 떠오를 것이다. 카리브해는 21세기에도 해적들이 출몰하는 지역으로 남아 있다. 베네수엘라의 정치 혼란이 심해지면서 2010년대 이후 해적은 더욱 늘었다.

미국과 멕시코 사이의 팰컨 호수는 1954년 만든 인공 저수지다. 길이가 100킬로미터에 이르는 이곳은 마약 갱들의 이동 경로이자 인신매매 루트로 유명하다. 바다는 아니지만 이 거대한 저수지에서 멕시코의 마약 카르텔 로스 세타스Los Zetas 등이 2010년대에 라이벌 조직

아라비아해로 돌출된 '아프리카의 뿔' 지역.

들의 선박을 공격하고 인질을 납치하는 해적질을 했다. 세계적으로 드문 '호수의 해적'이었던 것이다.

아시아에도 해적의 길목으로 유명한 곳이 있다. 앞서 언급한 믈라카해협이다. 말레이 반도 남부와 인도네시아의 수마트라섬 사이에 있는 믈라카해협은 수에즈운하, 파나마운하와 함께 세계에서 가장 중요한 항로로 꼽힌다. 이웃한 필리핀의 술루해와 셀레베스해 역시 식민 시대 이래로 해적 행위가 빈발하는 곳이다.

그러나 최근 20여 년 새 해적 공격으로 가장 악명 높은 곳은 소말리아 근해다. 소말리아의 해적 얘기가 나올 때마다 언급되는 지명이 있다. 바로 '아프리카의 뿔'이다. 아프리카 동부, 아라비아반도 남단과 마주보는 뿔처럼 튀어나온 지역을 가리키는 말이다. 좀 더 동쪽으로 시야를 넓히면 인도양을 사이에 두고 인도아대륙과 마주하는 지역이다. 그 일대에 위치한 에리트레아, 에티오피아, 지부티, 소말리아를 통상 '아프리카의 뿔'이라 한다. 소말리아가 해적들의 무대가 된 배경을 알려면 이 지역의 역사를 들여다볼 필요가 있다.

아프리카의 뿔은 어쩌다 악명 높은 지역이 됐나

그중 가장 많이 알려진 나라는 에티오피아일 것이다. 솔로몬 왕과 결혼했다는 전설의 시바 여왕이 다스린 나라, 악숨의 거대 유적을 간직한 고대 문명의 나라. '다윗에게서 시작돼 솔로몬 시절에 전성기를 구가한 유대 제국'이라는 것은 현대의 시오니즘과 유대 국가 이스라엘을 정당화하려는 이른바 '성서고고학'의 거짓된 가정에 불과하다는 얘기가 많지만, 현대의 에티오피아 역사가들도 늘 '솔로몬 왕조'를 들먹인다. 이들의 주장에 따르면 이 지역에 솔로몬 왕조가 세워진 것은 1270년, 예쿠노 아믈락Yekunno Amlak이라는 지도자 때였다고 한다.

현대의 에티오피아는 1931년 헌법이 탄생하면서 나라의 틀을 갖췄다. 하지만 왕조가 무너진 것이 1974년, 마지막 황제 하일레 셀라시에 2세Haile Selassie II가 공산주의 혁명으로 물러났을 때니 꽤나 긴 시간 동안 '솔로몬 왕가'가 유지된 셈이다.

에티오피아가 본격적으로 유럽 세력의 영향을 받게 된 것은 1880년 전후다. 영국과 이탈리아가 각축을 벌이며 '아프리카의 뿔' 일대를 공략한 것이다. 1870년 에티오피아의 지방 군주가 홍해에 면한 아사브 항구를 이탈리아 회사에 팔아버린 일이 있었다. 그것이 현재의 에리트레아에 이탈리아가 1890년 식민지를 만드는 계기가 됐다.

그 후 에티오피아는 이탈리아의 침략에 맞서 싸움을 이어갔다. 메넬리크 2세 시절인 1896년에는 역사적인 '아드와Adwa 전투'가 벌어졌다. 에티오피아는 이 전투에서 이탈리아를 물리쳐 유럽을 놀래켰다. 여기서 졌다면 아마도 에티오피아는 이탈리아의 식민지가 됐을 것이다. 뒤를 이은 하일레 셀라시에 1세는 20세기 초반 에티오피아의 현대화를 추진했다. 하지만 제국주의 열강이 이런 에티오피아를 반길 리 없었다.

이탈리아는 1890년 에티오피아 동쪽에 있는 오늘날의 에리트레아를 식민지로 만들었다. 1936년에는 에티오피아와 소말릴란드를 묶어

'이탈리아령 동아프리카Africa Orientale Italiana'라는 행정구역을 설치했다. 지금의 소말리아 지역은 '소말리족이 사는 땅'이라 해서 소말릴란드로 불렸는데, 제2차 세계대전 무렵부터는 영국령 소말릴란드와 이탈리아령 소말릴란드로 나뉘었다.

이탈리아는 이미 1890년대에 에리트레아와 소말릴란드를 점령했지만, 앞서 얘기한 대로 에티오피아를 정복하는 데는 실패했다. 그러다가 파시스트 독재자 베니토 무솔리니가 집권한 뒤 다시 에티오피아 공격에 나섰다.

무솔리니는 1928년 에티오피아와 20년 기한의 우호조약을 맺었다. 하지만 이탈리아 군대는 1935년 10월 에티오피아를 침공했으며 이듬해 봄 아디스아바바를 점령했다. 이 전쟁은 에티오피아를 식민지로 만드는 완전한 점령으로 나아가지는 못했다. 유럽 전선이 급박하게 돌아갔기 때문이다. '세계대전'으로 방향을 정한 이탈리아는 1940년 6월 영국과 프랑스에 전쟁을 선포했다. 그러나 5년간 계속된 전쟁에서 이탈리아는 결국 패배했다.

무솔리니는 비참한 최후를 맞았고, 에티오피아는 주권을 되찾았다. 그러나 아프리카의 뿔 지역은 그 후에도 그리 아름다운 시절을 보내지는 못했다. 에티오피아에서는 하일레 셀라시에 2세가 쫓겨난 뒤 데르그Derg라 불리는 마르크스-레닌주의 군사 독재 정권이 들어서 공포 정치를 펼쳤다. 공산주의 독재자 맹기스투 하일레 마리암Mengistu Haile Mariam의 통치 기간 동안 에티오피아는 경제적, 정치적으로 완전히 망가져버렸다. 1987년 맹기스투 정권이 무너진 뒤 민주화가 시작됐고, 1994년 새 헌법이 도입됐으며, 이듬해에는 처음으로 다

당제 민주 선거가 실시됐다.

에리트레아는 1941년 영국군이 이탈리아 군을 몰아낸 뒤 유엔 관할령이 돼 사실상 영국군의 통치를 받았다. 그리고 1950년 유엔 결의안에 따라 에티오피아로 합쳐졌다. 그러나 1960년대부터 에티오피아에 맞서 독립 투쟁을 시작, 30년 넘게 내전을 벌였다. 유엔 관리하에 마침내 1991년 주민투표를 실시하고 독립했으며, 1993년 유엔 회원국으로 가입함으로써 명실상부 독립국가로 다시 태어났다.

소말리아는 시간이 갈수록 오히려 혼란이 가중되고 있다. 북부 지역이 내전 끝에 '소말릴란드'라는 이름으로 분리 독립을 선언했지만 아직 국제적으로 인정받지는 못한 상태다. 계속된 내전에 더해 이슬람 극단주의가 발흥하면서 소말리아는 '실패한 국가'의 대명사가 됐다. 그로 인해 나타난 양상 중 하나가 아덴만의 해적이다. 이탈리아가 핵폐기물을 몰래 소말리아 앞바다에 버리면서 해수 온도가 올라가 어획량이 줄었고, 살길이 막힌 어민들이 해적에 가세한다는 얘기도 있다. 역사의 흔적, 제국주의의 유령이 21세기의 해적들에게도 드리운 셈이다.

16 아프가니스탄은 왜 '제국의 무덤'이라 불릴까

#9·11테러 #탈레반 #듀랜드라인 #제국의무덤 #아프간전쟁
#샤리아 #여성탄압 #조바이든 #시진핑 #일대일로

2001년 9·11 테러 공격을 받은 미국 조지 W. 부시 행정부는 한 달 뒤 테러 조직 알카에다al-Qaeda 지도부를 숨기고 있다는 이유로 아프간 탈레반Taliban 정권을 공격했다. 당시만 해도 그 전쟁이 베트남전을 넘어 미국의 최장기 전쟁이 될 거라고는, 그리고 탈레반이 20년이 지나 세계를 놀라게 하며 카불로 귀환할 거라고는 아무도 생각지 못했다.

미군 철수가 진행되는 와중에 탈레반은 전국 공략에 나섰고, 2021년 8월 16일 수도 카불에 입성했다. 카불 국제공항에 몰려든 사람들, 허둥지둥 떠나는 이들을 실은 비행기와 거기 매달린 사람들의 모습이 연일 뉴스를 채웠다. 외국 군인들을 향해 철조망 너머로 아기를 던지는 아프간 부모들의 모습은 세계에 엄청난 충격을 안겼다.

'그레이트 게임'과 미완의 개혁

아프가니스탄은 동쪽과 남쪽으로 파키스탄, 서쪽으로 이란, 북쪽으로 투르크메니스탄과 우즈베키스탄, 타지키스탄, 중국과 국경을 맞댄 내륙 국가다. '아프간'이라는 이름은 인도의 고대 언어인 산스크리트어로 북쪽 힌두쿠시 산맥 지역의 주민을 가리키던 '아슈바칸Aśvakan'에서 왔다고 한다. 문자 그대로 풀면 '말을 기르는 사람들'이라는 뜻이다.

면적은 약 65만 제곱킬로미터로 한반도의 세 배나 되는데, 고원과 산악 지대가 많다. 유엔이 추산한 2020년의 인구는 약 3,800만 명이고, 그중 42퍼센트로 가장 많은 민족이 파슈툰이다. 탈레반의 주축도 파슈툰족이다. 인구의 27퍼센트는 타지크족이고, 그 외에 하자라(9%)와 우즈베크(9%)를 비롯해 아이마크, 투르크멘, 발루치 등 소수민족들이 있다. 주요 언어는 인도-유럽어 계통의 페르시아(이란)어 방언인 파슈토Pashto와 다리Dari다.

수도이자 최대 도시인 카불을 비롯해 남쪽에는 칸다하르, 북쪽에는 마자르에샤리프, 서쪽에는 헤라트 같은 도시가 있지만 여전히 인구 70퍼센트 이상이 농촌에 산다. 정주민이 아닌 유목민도 200만~300만 명에 이르는 것으로 추산된다. 종교는 거의 대부분이 수니파 이슬람이다.

중동과 아시아의 교차점인 이 일대에서는 오랜 세월에 걸쳐 다양한 민족과 제국이 명멸했다. 멀리 그리스에서 온 알렉산드로스 대왕의 정벌군, 인도아대륙에 드넓은 세력권을 형성한 마우리아Maurya 제

아프가니스탄 수도 카불의 전경.

국, 이슬람 이후의 아랍제국, 몽골제국, 이어 영국과 소련에 이르기까지 숱한 제국이 이 땅을 차지하려 애썼다. 아프간을 장악했던 왕조를 살펴보면 박트리아Bactria, 쿠샨Kushan, 에프탈Ephthal, 사만Saman, 사파르Saffar, 가즈니Ghazni, 고르Ghōr, 무굴Mughal, 사파비Safavi, 두라니Durrani 등이 줄줄이 이어진다. 1747년 남부 칸다하르 출신인 아흐마드 샤 두라니Ahmad Shah Durrani의 두라니 왕조를 근대 아프간의 성립 시점으로 보는 견해가 많다.

19세기 초에 이르러 두라니 제국은 서쪽의 페르시아, 동쪽의 인도로부터 이중 압박을 받아 결국 나라가 분열됐다. 이 시기 유럽 제국은 아시아 식민지 쟁탈전 속에 험난한 내륙 아프간 지역까지 넘보고 있었다. 특히 영국과 유럽이 치열한 각축전을 벌였다. 이를 '그레이트 게임Great Game'이라고 부르는 이들도 있지만, 열강들의 침략 전쟁에 '위대한'이라는 수식어를 붙이는 것이 적절한지는 의문이다.

아프가니스탄과 인도를 인위적으로 구분한 19세기 말 영국의 듀랜드 라인. 나중에 파키스탄이 인도로부터 독립하면서 이 선은 오늘날의 아프간과 파키스탄 사이 국경으로 굳어졌다.

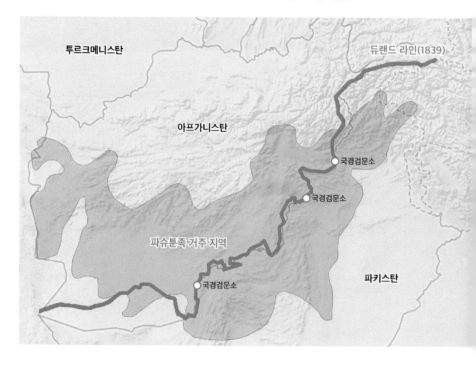

1838년 영국 정벌대가 아프간에 들어갔지만 거센 저항에 맞부딪쳐 철수했다. 1878년 영국과 아프간의 2차 전쟁이 벌어졌다. 영국은 아프간을 윽박질러 땅의 일부를 영국령 인도로 넘겨받았다. 오늘날의 파키스탄에 속한 지역이다. 이어 영국은 1893년 아프간으로 하여금 '듀랜드 라인Durand Line'을 인정하게 만들었다. 이 선이 오늘날까지 이어지는 아프간과 파키스탄의 국경이 됐다. 이 일대에 널리 퍼져 살아온 파슈툰족은 영국이 멋대로 그은 선 때문에 두 나라로 나뉘었으나, 지금도 산악 지대를 사이에 두고 하나의 문화권을 형성하고 있다.

1919년 아마눌라 칸Amanullah Khan 군주 시절에 영국과 세 번째 전쟁을 벌였지만 이때도 아프간은 독립을 지켰다. 아마눌라 칸은 1928년부터 아프간의 근대화에 나섰다. 아프간은 1923년 초등교육 의무화 등을 규정한 헌법을 채택했다. 아마눌라 칸의 장인이자 그와 함께 개혁을 주도한 마흐무드 타르지Mahmud Tarzi 외무 장관은 여성도 교육을 받아야 한다는 신념을 갖고 있었으며, 칸의 아내인 소라야 왕비Soraya Tarzi도 여성 교육과 처우 개선에 목소리를 높였다. 여성의 얼굴을 모두 가리는 전통 복장 부르카도 금지했다.

그러나 내전이 일어나 아마눌라 왕은 1929년 1월 폐위당했고, 혼란 끝에 1933년 아들 무하마드 자히르 샤Muhammad Zahir Shah가 열아홉 살 나이로 즉위했다. 40년의 재위 기간 동안 그는 아프간에 도로를 깔고, 국립은행을 세웠으며, 교육 혜택을 늘렸다. 탈레반이 아프간을 장악한 뒤로 자히르 샤 시절의 개방적인 카불 풍경, 히잡 대신 서구식 복장을 한 근대 영화의 한 장면 같은 여성들의 사진이 암울한 현실과 대비를 이루며 소셜 미디어에 퍼지기도 했다.

자히르 샤는 1973년 쿠데타로 쫓겨나 이탈리아에서 망명 생활을 했다. 고국에 귀환한 것은 탈레반 정권이 무너진 뒤, 2002년이었다. '국부國父' 칭호를 받은 그는 2007년 카불에서 숨을 거뒀다.

'제국의 무덤'에 빠져버린 소련

아프간을 가리켜 '제국의 무덤'이라고들 부른다. 하지만 이 표현이 언제 어디서 시작됐는지는 분명치 않다. 기나긴 역사를 보면 아프간은 숱한 제국의 지배를 받았으니, 역사적인 사실이라고 보기도 힘들다. 하지만 지난 200여 년의 역사는 '제국의 무덤'이라는 별명이 설득력이 있다. 특히 현대에 들어와 이런 '전설'을 굳힌 장본인이 있으니, 바로 옛 소련이었다.

1973년 아프간에서는 왕정이 폐지되고 공화국이 만들어졌다. 5년 뒤인 1978년 좌파 정당 인민민주당PDPA, People's Democratic Party of Afghanistan'이 '사우르Saur(4월) 혁명'이라 불리는 쿠데타를 일으켰다. 인민민주당은 정권을 장악하고 토지 분배 등 급진적인 개혁에 나섰으나 이슬람 무장 세력이 이에 반발하면서 내전이 벌어졌다. 무자헤딘Mujahideen, 이른바 '이슬람 전사들'이 총을 들고 나선 것이다. 그러자 1979년 소련군이 공산 정부를 지킨다며 아프간으로 탱크를 들여보냈다. 그 후 10년 동안 소련군을 진창에 빠뜨린 아프간 점령의 시작이었다.

학자들은 아프간 점령이 소련을 탈진시켜 붕괴하게 만든 결정적인 요인이었다고 지적한다. 미국 지미 카터 정부에서 백악관 안보보좌관을 지낸 즈비그뉴 브레진스키Zbigniew Brzezinski는 미국이 아프간을 침공하자 소련의 아프간 점령을 상기시키며 "당시 우리는 아프간전이 소련의 베트남이 될 것으로 봤다"고 했다. 문제는 미국이 그 길을 되풀이해 걸었다는 점이지만.

소련이 아프간을 점령하자 미국은 파키스탄을 앞세워 사실상 대리전을 치렀다. 파키스탄 정보국ISI, Inter-Services Intelligence과 미국 CIA, 그리고 사우디아라비아 골수 이슬람주의자들의 지원 아래 이슬람권 곳곳에서 반소련 항쟁에 참여하려는 젊은이들이 아프간으로 흘러가 훈련을 받고 전투에 나섰다. 당시 무자헤딘 훈련 캠프들에 돈을 댄 인물 중 하나가 훗날 테러 조직 알카에다를 만든 사우디 갑부 오사마 빈라덴Osama bin Laden이다.

이슬람 전사들의 목표는 소련군을 몰아내 아프간을 해방시키는 것이었지만, 시간이 흐르면서 이교도에 대한 지하드Jihad, 이른바 성전聖戰으로 변해갔다. 근 10년에 걸친 이 내전으로 숨진 아프간인의 숫자는 적게 잡아도 56만 명, 많게는 200만 명으로 추산된다. 600만 명이 이웃 국가 파키스탄 혹은 이란 등으로 떠나 난민이 됐다. 소련군은 1989년 철수했으나 힘의 공백이 생긴 자리에서 1990년대까지 군벌 집단이 판을 쳤다. 군벌들은 성폭행과 살인, 고문, 마약 거래로 악명을 떨쳤다.

그들을 누르고 두각을 나타낸 것이 이슬람 수니파의 극단주의 규율로 무장한 파슈툰족의 조직 탈레반이었다. 탈레반은 1994년 파슈툰족 출신인 물라 무하마드 오마르Mullah Mohammad Omar가 결성했다.

1996년 이들은 카불로 진격해 '에미리트Emirate' 즉 이슬람 군주국 수립을 선언했으며, 인민민주당의 마지막 대통령이던 모하마드 나지불라Mohammad Najibullah를 살해하고 카불 도심에 시신을 매달았다.

2조 달러를 쓰고도 못 이긴 미국의 전쟁

2001년 9·11 테러가 일어나고 한 달이 채 못 된 10월 7일, 미국은 아프간 공습을 개시했다. 탈레반 정권은 그해가 가기도 전에 축출됐고 하미드 카르자이Hamid Karzai가 이끄는 과도정부가 구성됐다. 3년에 걸친 미군의 과도정부 시기가 끝나고 새 헌법에 따라 민선 정부가 출범한 것이 2004년 12월이었다.

미국이 시작한 아프간전 기간 동안 숨진 민간인은 10만 6,000명에서 17만 명 사이로 추산된다. 그러나 많은 주민들이 탈레반 정권 시절에 비해 더 개방적이고 더 현대적이고 더 나은 삶을 누린 것은 분명하다. 하지만 민선 정부는 전국을 장악하지 못했고 내분과 부패가 극심했다. 부족주의와 전근대주의, 이슬람 극단주의는 사라지지 않았다.

탈레반은 동부 파키스탄 접경 지대에서 국경을 넘나들며 기지를 만들고 미군과 다국적군을 상대로 게릴라전을 벌였다. 기나긴 전쟁에 미국은 지쳤고, 미국을 도와 파병한 나라들도 점점 관심을 잃어갔다. 이 전쟁에서 확고한 승리를 거둘 수 없다는 사실이 점점 분명해지면서 미국과 탈레반 사이에 협상 분위기가 형성됐다. 2009년 대선에서 재선된 카르자이 정부는 탈레반에게 손을 내밀었다. 한쪽에서는 토벌 작전을 벌이고 다른 한쪽에서는 협상을 하는 국면이 이미 10년도 더 전부터 시작됐던 것이다. 미국이 직접적인 전쟁과 아프간 재건 등에 쓴 비용은 2조 2,610억 달러에 이른다. 그 돈을 쏟아붓고도 미국은 끝내 탈레반을 무너뜨리지 못했다.

탈레반을 창설한 물라 오마르는 2013년 사망했고 그 뒤를 이은 지도자도 폭탄 공격에 숨졌다. 2016년 현 지도자 히바툴라 아쿤자다Hibatullah Akhundzada가 조직 내 경쟁자들을 제치고 수장이 됐다. 되돌아온 탈레반은 20년 전과는 다르다. 카불 점령 뒤 첫 공식 기자회견에서 탈레반은 세계의 시선을 의식해 '여성의 사회적 역할'을 거론하는 등 '우리는 달라졌다'는 메시지를 내보냈다. 하지만 그 약속을 믿는 이는 없다. 무엇보다 탈레반은 대부분의 이슬람 국가들조차 거부하는 전근대적인 이슬람 율법 샤리아Sharia를 통치 교리로 삼고 있다. 탈레반 대변인은 "여성의 사회적 역할을 허용하겠지만 이슬람의 틀 안에서 이뤄질 것"이라고 말했다. 인간의 당연한 권리를 종교 교리로 결정하겠다는 것이며, 그 결정권은 여전히 남성 극단주의자들이 쥐고 있다.

바이든의 결단과 사이공의 그림자

조 바이든 미국 대통령은 취임하자마자 전쟁 종료를 택하고 아프간 철군을 강행했다. 카불 국제공항에서 벌어진 '엑소더스exodus(대탈

165

2021년 8월, 카불 국제공항에서 신원증명서를 흔들며 출국을 도와달라고 호소하는 아프간 사람들.

출)'는 1975년 4월 베트남 탈출을 떠올리게 만들었다. 미국인들이 사이공 미국 대사관에서 헬기에 매달려 절박하게 탈출하는 장면은 기나긴 전쟁 끝에 결국 패하고 도망치는 미국의 모습을 상징적으로 보여줬는데, 아프간을 떠나는 뒷모습도 그때와 너무나 비슷했다.

　물론 탈레반의 극단주의와 아프간 혼란의 근본적인 책임은 아프간 자체에 있다. 여성들에게 부르카를 씌우고 학교에서 쫓아내는 것도, 수십 년 내전에 나라가 너덜너덜해지고 정치적 안정이 요원한 것도, 바이든 대통령이 말한 대로 "아프간 사람들의 일"이며 미국이 "영원히 전쟁을 할 수는 없다." 그럼에도 미국의 도주는 충격을 안겼다.

종전 선언을 한 미국이 탈레반을 압박해 이전 집권 때와 조금이나마 다른 모습을 이끌어내려면 결국 쓸 수 있는 지렛대는 돈뿐이다. 아프간 전체 가구의 60퍼센트는 농업에 생계를 의지하고, 아편 재배와 마약 밀매, 광물 불법 채굴 등 불법 경제의 비중이 높다. 2020년 국내총생산GDP 198억 달러의 43퍼센트는 외국에서 들어온 원조금이었다. 공공 지출의 75퍼센트를 원조금으로 때웠다. 2003부터 2012년까지 10년 동안 연평균 경제 성장률이 9.4퍼센트에 이르렀지만 이것도 모두 원조금 덕이었고 2010년대 후반에는 성장률이 2.5퍼센트대로 떨어졌다.

탈레반에게는 정권을 유지하는 데 필요한 돈이 없다. 이들이 카불을 장악한 뒤 세계은행은 원조를 끊었다. 국제통화기금IMF, International Monetary Fund도 4억 4,000만 달러의 지급을 미뤘다. 미국은 95억 달러에 이르는 미국 내 아프간 중앙은행 계좌를 동결했다. 탈레반을 테러 조직으로 규정해온 미국과 EU가 아프간의 대외 무역을 제재할 수도 있다. 하지만 제재를 해도 아프간의 교역액 자체가 워낙 적기 때문에 효과가 클 것 같지는 않다. 불법 무역을 빼면 아프간의 2020년 수출액은 7억 8,000만 달러에 불과했다.

세계는 결국 중국을 쳐다보고 있다. 무슬림이 다수인 서부 위구르족의 분리주의 움직임이 들썩이지 않게 하기 위해서라도 중국은 아프간의 안정을 바란다. 미국이 철군을 가시화하고 탈레반 세력이 커져가던 2019년부터 중국은 탈레반과의 접촉을 늘렸다. 탈레반 정부의 부총리가 된 압둘 가니 바라다르Abdul Ghani Baradar는 카불 입성 한

우즈베키스탄

중국

타지키스탄

투르크메니스탄

와칸 회랑

아프가니스탄

파키스탄

인도

와칸 회랑은 아프간 북동부 바다흐샨주 동쪽으로 남북 16~22킬로미터, 동서 350킬로미터에 달하는 지역이다.

달 전인 2021년 7월 중국 톈진을 찾아가 왕이王毅 중국 외교부장을 만났다. 이 만남에서 왕이 부장은 탈레반을 "아프간의 중요한 군사 및 정치 세력"이라며 공개적으로 인정해줬다.

중국은 아프간과 76킬로미터에 걸쳐 국경을 맞대고 있다. 위구르 문제도 있지만, 아프간은 중국에 전략적으로도 중요하다. 시진핑習近平

중국 국가 주석은 '일대일로—帶—路'라는 이름의 육상-해상 교역로로 유라시아를 이으려 한다. 내륙의 아프간이 안정돼야 중국에서 중앙아시아를 거쳐 남쪽 파키스탄까지 이어지는 경제 회랑 계획을 제대로 추진할 수 있다. 아프간과 타지키스탄, 파키스탄, 중국 4개국이 만나는 좁고 긴 지역을 '와칸 회랑Wakhan Corridor'이라 부르는데, 2018년 이곳에 군사기지도 만들었다. 게다가 아프간에는 휴대전화 등에 반드시 필요한 리튬 등 광물자원이 많다. 중국이 아프간 내부 상황에 개입하려 하지는 않겠지만, 탈레반이 다시금 세계의 지탄을 받는 행위를 저지른다면 그들을 끌어안는 것은 중국에도 큰 부담이 될 수 있다.

쫓겨난 여학생들, 사라져가는 미래

탈레반 치하에서 '새로운 생활'을 시작해야만 하는 카불 시민들 앞에 가장 먼저 들이닥친 문제는 굶주림이었다. 세계식량계획WFP, World Food Programme에 따르면 미군이 철수하기 전에도 아프간에서 하루 세 끼니를 온전히 먹지 못하는 인구가 80퍼센트였다. 탈레반이 전국을 장악한 뒤에는 그 수치가 93퍼센트로 늘었다.

아프간의 미래를 어둡게 하는 것은 그나마 20년 동안 쌓아온 것들이 와르르 무너지고 있다는 점이다. 힘겹게 치른 선거의 경험, 여성에게도 점차 개방돼온 학교 교육, 자유로운 언론과 치안을 위한 노력이 모두 무위로 돌아갈 판이다.

2019년 아프간에서 15세 이상 여성 취업률은 22퍼센트였다. 탈레반 정권 시절엔 상상도 못하던 일이었다. 1979년 18퍼센트에 불과했던 문자 해독률은 2011년 31퍼센트에서 2018년 43퍼센트로 올라갔다. 그런데 모든 것이 뒤집혔다. 탈레반 정부는 여학생을 학교에서 몰아내고 있다. 하지만 여성들은 극도의 공포 분위기 속에서도 산발적인 저항을 벌이고 있다. 탈레반이 여성부를 폐쇄한다고 밝힌 2021년 9월 17일, 여성부 건물 앞에 여성들이 모여 교육받을 권리를 외치며 시위를 했다. 아프간의 미래는 어디로 향하게 될까.

III

알고 보면 더 흥미진진한 세계

17 박물관이 털렸다

#렘브란트 #요하네스페르메이르 #에두아르마네 #에드가르드가 #FBI
#드레스덴그린 #빈센트반고흐 #에드바르뭉크 #파블로피카소 #폴고갱

1990년 3월 18일 일요일 오전 1시 24분, 미국 보스턴 시내에 자리 잡은 이사벨라 스튜어트 가드너Isabella Stewart Gardner 박물관 출입문의 벨이 울렸다. 아일랜드 이민자가 많은 보스턴의 최대 축제인 '성 패트릭의 날Saint Patrick's Day', 보스턴 시민과 관광객 들은 전날 벌인 온갖 행사와 파티를 끝내고 축일에 열리는 화려한 퍼레이드를 기대하며 깊은 잠에 빠져 있었다.

박물관의 야간 당직 경비원 리처드 애버스Richard Abath는 인터폰으로 "누구세요?" 하고 물었다. 벨을 누른 이들은 경찰 정복을 입은 남자 둘이었다. 이들은 "박물관이 소란스럽다는 신고가 들어왔다"며 문을 열라고 요구했고, 애버스는 의심하지 않고 문을 열어줬다. 잠시 후 이들은 애버스와 또 다른 경비원의 손목에 수갑을 채우더니 "강도다!"라고 외쳤다. 그러고는 두 경비원을 지하 창고로 끌고가 기둥에 묶어놓았다.

위층 전시실로 뛰어올라간 범인들은 벽에 걸린 그림들을 떼어내 날카로운 칼로 틀에서 도려낸 다음 박물관 밖에 세워놓은 자동차를 타고 사라졌다. 걸린 시간은 81분.

오전 9시쯤 출근한 다른 경비원은 출입문 앞에서 뭔가 이상을 느꼈다. 문이 열려 있는 데다 야간 당직자들이 보이지 않았기 때문이다. 집에 있다가 전화를 받고 급히 박물관으로 온 경비 팀장은 감시 카메라의 방향이 돌아가 있고 사무실 문이 부서진 것을 보자마자 전시실로 달려갔다. 말 그대로 난장판이었다. 벽에 걸려 있던 그림들이 사라지고 바닥에는 빈 액자가 나뒹굴었다. 신고를 받고 현장에 출동한 경찰은 지하실에서 눈과 입에 덕트테이프가 칭칭 감긴 채 기둥에 묶여 있던 경비원 두 명을 발견했다.[1]

6억 달러의 사라진 명화들

이사벨라 스튜어트 가드너 박물관은 이탈리아 르네상스 시대의 걸작 회화를 비롯해 수많은 예술품을 소장한 유서 깊은 박물관이다. 저명한 예술품 컬렉터 가드너가 1903년에 설립한 곳으로 초일류 컬렉션뿐만 아니라 아름다운 건물과 정원으로도 유명하다.

이곳에서 벌어진 도난 사건에 미국은 물론 전 세계가 경악했다. 사라진 작품은 열세 점. 그중 가장 유명한 작품이 바로 '빛의 화가'로 불리는 렘브란트의 〈갈릴리 바다의 폭풍Storm on the Sea of Galilee〉이다.

네덜란드 화가 렘브란트의 1633년 작품
인 〈갈릴리 바다의 폭풍〉.

1633년 완성된 이 그림은 렘브란트의 유일한 바다 풍경화로, 박물관의 얼굴이나 다름없었다. 렘브란트의 또 다른 그림 〈검은 옷을 입은 귀부인과 신사A Lady and Gentleman in Black〉와 우표만 한 소품 〈자화상Self Portrait〉도 함께 사라졌다. 요하네스 페르메이르Johannes Vermeer의 〈연주회The Concert〉는 과작으로 유명한 페르메이르의 그림 서른네 점 중 하나였다. 에두아르 마네Édouard Manet의 〈토르토니 카페에서Chez Tortoni〉, 에드가르 드가Edgar Degas의 작품 다섯 점도 도난당했다.

사건 직후 연방수사국FBI은 사라진 작품들의 가치를 2억 달러로 추산했고, 10년 뒤인 2000년에는 5억 달러로 재추산했다. 현재는 최소 6억 달러가 넘는 것으로 보고 있다. 미술품 도난 사건 피해액으로는 세계 최대 규모다. FBI는 수십 년 동안 많은 인력을 투입해 수사를 벌였으나 범인은 한 명도 잡지 못했으며, 사라진 작품 열세 점 중 단 한 점도 되찾지 못했다. 당초 경비원 애버스가 공범일 가능성이 제기됐지만 의심을 입증할 만한 증거는 없었다.

이사벨라 스튜어트 가드너 박물관 도난 사건은 미스터리투성이였다. 우선 세계적인 명성을 가진 박물관치고는 보안이 너무 허술했던 데다, 범인들의 지문이 남아 있을지도 모르는 덕트테이프 뭉치가 범행 현장에서 없어지는 등 경찰과 FBI의 초동수사 과정에서 적지 않은 실수가 있었다.

특히 렘브란트와 페이메이르의 작품들은 너무나 유명하기 때문에 암시장에서 팔 수조차 없다는 점에서 범인들의 범행 의도를 이해하기 어려웠다. 나폴레옹 시대의 깃대 장식과 중국산 장식 도자기를 훔쳐간 이유도 알 수 없었다. 전시실에는 그보다 훨씬 더 유명하고 값나가는 작품이 부지기수였기 때문이다.

FBI와 보스턴 경찰은 도난 사건과 보스턴 지역 마피아의 연관성에 주목했다. 이탈리아계 마피아 조직원인 로버트 과렌테Robert Guarente, 로버트 젠틸레Robert Gentile, 바비 도나티Bobby Donati 등이 도난 사건을 전후로 수상한 행동을 했다는 것이다. 보스턴 암흑가에는 이들이 미술품을 가지고 있다고 자랑하고 다녔다는 소문이 퍼졌다. 다른 범죄로 교도소에 들어간 두목을 빼내기 위해 경찰과의 협상용으로 미술품을 훔쳤다는 그럴듯한 설도 돌았다. 경찰은 관련자들의 집 안팎을 샅샅이 뒤진 것도 모자라 마당까지 파헤쳤지만 그림은커녕 단서 하나 찾아내지 못하고 번번이 허탕만 쳤다. 결국 경찰은 현재까지 단 한 명의 용의자도 체포 또는 기소하지 못하는 치욕스런 기록을 이어나가고 있다.

현재 이사벨라 스튜어트 가드너 박물관의 전시실에는 곳곳에 빈 액자가 걸려 있다. 본인이 전시해둔 작품을 절대 움직이지 말라던 설립자의 유언을 받들어, 비록 작품은 없지만 빈 액자가 그 자리를 지

이사벨라 스튜어트 가드너 박물관은 도난당한 작품이 있던 자리에 빈 액자 틀을 걸어두고 있다.

키고 있는 것이다. 박물관은 현상금 1,000만 달러를 내걸고 지금도 여전히 도난 사건과 관련된 제보를 기다리고 있다.[2]

드레스덴의 보석 공예품 도난 사건

독일의 유서 깊은 도시 드레스덴. 2019년 11월 25일 오전 4시, 아우구스투스 다리Augustusbrücke 근처 전력 시설에서 갑자기 불이 났다. 흔한 누전 사고인 듯 보이는 이 일로 주변 지역은 정전이 됐다. 유럽 최

대 보석 공예품 컬렉션을 자랑하는 그뤼네 게뵐베Grüne Gewölbe 박물관
도 전기가 나가면서 보안장치가 꺼졌다.

잠시 뒤, 박물관 창문을 뜯고 남자 둘이 전시실로 들어갔다. 이들
은 도끼로 진열장 유리를 박살 낸 다음 보석 공예품 100여 점을 들고
유유히 사라졌다. 피해액은 약 10억 유로. 미술품이 아닌 보석 공예
품 도난 사건의 피해액으로는 역사상 최대 규모였다.

이날 아침, 마리온 아커만Marion Ackermann 관장은 망연자실한 표정으
로 기자들 앞에 서서 "사라진 공예품들의 역사·문화적 가치는 돈으
로 환산할 수 없다"고 말했다. 드레스덴이 있는 작센주의 미하엘 크
레슈머Michael Kretschmer 총리는 "(작센)주뿐만 아니라 작센 주민 모두가
강탈당한 것"이라며 "그뤼네 게뵐베와 작센주가 소장한 보물들 없이
는 이 나라의 역사를 이해할 수 없다"고 통탄했다.[3]

1723년 작센 왕국의 아우구스트 1세가 건립한 그뤼네 게뵐베 박물
관은 '유럽의 보석 상자'란 애칭답게 전시실 열 곳에 걸쳐 호화찬란
한 보석 공예품 약 3,000점을 소장하고 있다. 가장 유명한 소장품은
'드레스덴 그린Dresden Green'으로 불리는 초록색 다이아몬드 펜던트다.
이 녹색 다이아몬드는 무려 40.7캐럿. 아우구스트 2세가 구입한 것으
로 알려졌다. '드레스덴 그린'은 평소 도둑들이 침입한 전시실과는
다른 방에 전시되었는데, 사건이 일어났을 때는 마침 미국 뉴욕 메트
로폴리탄 박물관 전시에 대여된 상태였다.

도둑들은 박물관의 전시실 10여 곳 중에서 '보석의 방'만 털어갔
다. 이곳에는 다이아몬드, 루비, 에머랄드, 진주 등으로 만든 공예품
수백 개뿐만 아니라 금, 은, 상아, 호박으로 만든 정교한 조각상도 많

2019년 독일 드레스덴 그뤼네 게뵐베 박물관이 도둑맞은 소장품. 왼쪽부터 폴란드의 흰독수리 훈장, 16캐럿짜리 다이아몬드로 장식된 모자 걸쇠, 다이아몬드가 박힌 칼과 칼자루.

있다. 도둑들은 그중 일명 '드레스덴 화이트Dresden White' 세트를 비롯해 총 세 세트를 훔쳤다. 작센 왕국의 국왕과 왕족이 착용했던 목걸이, 귀걸이, 브로치, 버튼, 홀(지팡이) 등으로, 각 세트는 다이아몬드, 루비, 진주, 사파이어 따위로 만든 장신구 40여 개로 구성돼 있다. 무려 49캐럿짜리 화이트 다이아몬드가 박힌 '드레스덴 화이트'의 펜던트 하나만 해도 가격이 900만~1,000만 유로로 추정된다.

경찰이 현상금 50만 유로를 내걸고 수사에 총력을 기울였지만 범인들의 행적은 묘연했다. 경찰 수천 명이 은닉 장소로 추정되는 열여덟 곳을 샅샅이 뒤졌으나 사라진 공예품은 나오지 않았다. 경찰은

2017년 베를린 보데 박물관에서 100킬로그램짜리 금화가 도난당한 사건과의 연관성에 주목하고 베를린의 악명 높은 범죄 조직의 용의자 네 명을 체포했지만, 드레스덴 사건의 단서를 찾는 데는 실패했다. 보데 박물관에서 사라진 금화도 지금까지 오리무중 상태다.

전문가들은 도난당한 작품들이 전 세계적으로 너무 유명하기 때문에 공개된 시장에서 세트로 팔기는 쉽지 않을 것으로 예상한다. 도둑들이 세트 작품을 암시장에서 따로따로 팔아치울 가능성도 배제할 수 없는 상황이다. 아커만 관장은 세트가 뿔뿔이 팔린다는 건 "상상만으로도 끔찍하다"며 절망적인 심정을 토로했다. 2020년 1월 이스라엘의 한 보안 전문 회사는 드레스덴 박물관의 도난품들이 이른바 '다크 웹'에서 판매되고 있다고 주장했다. 하지만 독일 수사 당국은 이를 일축했다.

도둑들이 사랑하는 반 고흐

빈센트 반 고흐Vincent van Gogh의 작품들은 유난히 도난 피해를 많이 겪었다. 2020년 3월 30일 밤, 코로나19 사태로 폐쇄된 네덜란드 암스테르담의 싱어 라런Singer Laren 박물관에서 반 고흐의 1884년작 〈봄의 뉘년의 목사관 정원The Parsonage Garden at Nuenen in Spring〉이 사라졌다. 경찰에 따르면 몇 명인지조차 모르는 도둑이 망치로 유리문을 깨고 박물관에 침입했으며, 경보음에 경비원들이 달려갔지만 작품은 이미 사라진 뒤였다고 한다. 이 작품은 멀리 교회 탑이 보이는 정원에 서 있는 남성을 그린 반 고흐의 초기작으로, 전문가들은 최소 600만 유로로 그 가치를 추정한다. 2022년 현재까지도 작품의 행방은 모르는 상태다.[4]

2010년 8월 21일, 이집트 수도 카이로의 모하마드 마흐무드 칼릴 미술관Mohammad Mahmoud Khalil Museum에서는 반 고흐의 작품 〈꽃병과 꽃 Vase with Flowers(또는 '양귀비 꽃')〉이 도난당했다. 반 고흐가 스스로 목숨을 버리기 3년 전, 1887년작으로 보이는 이 그림의 가치는 약 5,000만~5,500만 달러. 기막힌 사실은 이 미술관이 문제의 작품을 도둑맞은 게 처음이 아니라는 점이다. 1977년에도 이 그림을 도난당했다가 10년 뒤에야 겨우 되찾은 적이 있다. 같은 일이 반복해서 벌어진 것은 너무나도 허술한 경비 때문이었다. 범인들이 액자에서 반 고흐의 작품을 도려내 도망치는 동안 경보기는 전혀 작동하지 않았다. 이 사건으로 문화부 관리 열한 명이 사퇴하고 미술관 관계자 여러 명이 체포됐지만, 범인은 물론 작품의 행방은 여전히 묘연하다.[5]

2002년 12월 7일, 네덜란드 암스테르담의 반 고흐 미술관에서는 〈슈베닝겐 바다 전경View of the Sea at Scheveningen〉과 〈뉘넌 개신교회를 떠나는 신도들Congregation Leaving the Reformed Church in Nuenen〉이 사라졌다. 범인들은 4미터가 넘는 사다리로 건물 벽을 타고 올라가 유리창을 깨고 전시실에 침입해 그림 두 점을 가져갔다.

그로부터 14년이 흐른 2016년, 이탈리아 나폴리 경찰은 긴급 기자회견을 열었다. 이탈리아 4대 마피아 중 하나로 악명 높은 카모라 Camorra 마피아의 조직원을 체포했고, 그의 농장에서 반 고흐의 작품 두 점을 발견했다는 것이었다. 감정 결과 진품으로 밝혀지면서 작품들은 무사히 박물관으로 돌아왔다. 반 고흐 미술관은 1991년에도 명작 〈해바라기〉 등 20여 점을 도난당했지만, 경찰의 신속한 수사 덕에 사건 발생 수 시간 만에 작품들을 되찾은 적이 있었다.[6]

에드바르 뭉크Edvard Munch의 〈절규Scream〉 연작 역시 도난과의 악연으로 유명하다. 1994년 2월 12일, 노르웨이 릴레함메르에서 한창 동계 올림픽 개막식이 펼쳐지고 있을 때, 수도 오슬로의 국립미술관에 남자 둘이 침입했다. 이들은 유화 버전 〈절규〉를 훔쳐 달아나기 전 메모 한 장을 남기는 여유까지 부렸다. 메모에는 "허술한 보안에 감사합니다"라고 써 있었다. 다행스럽게도 3개월 뒤인 5월 7일 작품은 손상 없이 발견됐다.

2004년 8월 22일, 오슬로의 뭉크 미술관에서는 총을 든 괴한들이 백주 대낮에 들이닥쳐 경비원과 관람객 들을 위협하면서, 템페라 버

에드바르 뭉크의 작품 〈절규〉(왼쪽)와 〈마돈나〉(오른쪽)는 2004년 오슬로의 뭉크 미술관에서 무장 괴한들이 강탈해갔으나 수사 당국이 되찾았다.

전의 〈절규〉와 〈마돈나Madonna〉를 떼어 달아났다. 미술관 도난 사건 대부분이 한밤중에 일어나는 것과 달리 관람객이 많은 전시 시간에 발생한 무장 강도 사건이란 점에서 희귀한 경우였다. 2006년, 노르웨이 경찰은 사라진 〈절규〉와 〈마돈나〉를 되찾았다고 공식 발표했다. 하지만 수사 과정 공개를 거부해 의문을 남겼다.[7]

기네스북에 따르면, 전 세계에서 도난 전력이 가장 많은 작품은 렘브란트의 소품인 〈야코프 데 헤인 3세의 초상Portarit of Jacob de Gheyn III〉이다. 영국 런던의 덜위치 갤러리Dulwich Picture Gallery가 소장한 이 작품은 무려 네 번이나 도둑맞았지만 매번 무사히 되돌아온 것으로 유명하다. 1966년 다른 작품 아홉 점과 함께 사라졌다가 나중에 어느 광장에 놓인 가방에서 발견됐고, 1973년과 1981년, 1983년에도 도난당했다가 무사히 되찾았다.[8]

하지만 모든 도난 작품이 이처럼 운이 좋은 건 아니다. 2012년 10월 네덜란드 로테르담 소재 쿤스트할 미술관Kunsthal Museum 도난 사건은 가장 드라마틱한 사건으로 평할 만하다. 범인들은 파블로 피카소Pablo Picasso의 〈광대의 초상Harlequin Head〉, 앙리 마티스Henri Matisse의 〈희고 노란 옷을 입은 책 읽는 소녀Reading Girl in White and Yellow〉, 폴 고갱Paul Gauguin의 〈열린 창문 앞의 소녀Girl in front of Open Window〉, 클로드 모네Claude Monet의 〈워털루 다리, 런던Waterloo Bridge, London〉과 〈채링크로스 다리, 런던Charing Cross Bridge, London〉, 마이어 드 한Meijer de Hann의 〈자화상Self-Portrait〉, 루시언 프로이드Lucian Freud의 〈눈 감은 여자Woman with Eyes Closed〉를 훔쳐 달아났다. 침입부터 도주까지 채 2분이 걸리지 않은, 그야말로 순식간에 벌어진 일이었다. 작품들의 가치는 최소 1억 유로로 추산됐다.

석 달 뒤인 2013년 1월 말, 네덜란드 경찰이 루마니아인 라두 도가루Radu Dogaru를 포함해 세 명을 체포하면서 사건은 쉽게 풀리는 듯했다. 하지만 도가루가 "어머니가 사는 시골집에 숨겨놨다", "나는 시키는 대로만 했을 뿐이고 주범은 따로 있다", "다른 사람에게 넘겼는데 누군지는 모른다" 등으로 계속 말을 바꾸는 통에 네덜란드와 루마니아의 수사 당국은 갈피를 잡지 못했다. 여기에 도가루의 어머니까지 "아들의 범죄를 숨기기 위해 내가 난로에 태워버렸다", "동생 집에 숨겼다"며 증언을 바꾸더니, "솔직히 미술품을 태우지는 않았는데 러시아어를 쓰는 40대 남자가 와서 가져갔다"고 또다시 증언을 번복했다. 도가루 측 변호사는 "어머니에게 미술품을 태웠다면 아들이 더 불리해진다고 했더니 말을 바꿨다"고 전했다.

문제는 난로에서 수거한 재의 성분을 분석했더니 정말로 미술품을 불태운 흔적이 나타났다는 점이다. 루마니아 과학범죄수사단과 국립 역사박물관 실험실 측은 재에서 전문 화가들이 사용하는 노란색, 푸른색 등의 물감, 캔버스 천을 틀에 고정하는 구리못과 쇠못, 캔버스 틀의 나무 잔해 등을 발견했다. 어떤 작품인지는 모르겠지만 유화가 소각된 것만큼은 분명한 사실로 드러난 셈이다. 특히 구리못과 쇠못은 20세기 이전의 대장장이가 만든 수제품으로 밝혀졌다. 시기상 고갱과 마이어 드 한의 작품이 불길에 사라졌을 가능성이 있다. 모네의 작품 두 점은 파스텔화이고 피카소 작품은 드로잉인데, 재에서 파스텔과 종이 성분은 발견되지 않았다.[9]

이 사건은 2018년 또 한 번 극적인 반전을 맞는다. 11월 18일 로이터 통신 등은 익명의 제보를 받은 네덜란드 시민 두 명이 전날 루마니아 남동부의 나무 아래에서 피카소 작품 〈광대의 초상〉으로 추정되는 그림을 발견해 네덜란드 대사관에 넘겼다고 보도했다. 만약 이 그림이 진품이라면 나머지 작품들도 찾을 길이 열릴 가능성이 있었다. 하지만 상황은 곧 코미디로 바뀌었다. 루마니아 검찰은 〈광대의 초상〉이 벨기에의 한 극단에서 만든 가짜로 조사됐다고 밝혔다.[10] 작품들은 정말 불에 타 재가 되고 만 것일까? 미스터리는 지금도 계속되고 있다.

18 태초에 가짜뉴스가 있었다

#황색언론 #옐로저널리즘 #선거 #소셜미디어 #마녀사냥
#허위광고 #선정주의 #혐오 #차별

1782년 4월 22일, 프랑스 파리 외교가에 『서플리먼트 투 더 보스턴 인디펜던트 크로니클Supplement to The Boston Independent Chronicle』이란 신문이 뿌려졌다.[1] 1면에는 가공할 만한 기사가 담겨 있었다. 영국 국왕 조지 3세가 미국의 독립운동을 막기 위해 인디언 원주민을 내세워 양민을 학살한 증거가 발견됐다는 것이다. 독립군들이 최근 커다란 꾸러미들을 발견해 열어보니 무려 700명이 넘는 미국인 남녀와 어린이, 심지어 아기 들의 머릿가죽이 들어 있었다는 내용이었다.

이 기사는 보스턴에서 발행되는 『인디펜던트 크로니클』 3월 12일자의 내용을 그대로 싣고 있었다. 요약하면 이렇다. 뉴잉글랜드 독립군 소속의 새뮤얼 게리시Samuel Gerrish 대위는 3월 7일 신문사에 편지를 보내, 정찰 작전 중 백인들의 머릿가죽이 담긴 꾸러미들을 발견한 과정을 상세히 전했다. 처음에 대위는 전리품을 얻었다는 생각에 기분이 좋았지만, 꾸러미들을 열어본 후 놀라 자빠졌다고 밝혔다.

그는 꾸러미 여덟 개에 "뉴욕, 뉴저지, 펜실베이니아, 버지니아 외곽에 사는 세네카Senneka 인디언들이 지난 3년간 모은, 불행한 우리 양민들의 머릿가죽이 들어 있었다"면서 "인디언들은 캐나다 퀘벡주 총독 프레드릭 할디먼드Frederick Haldimand 대령을 통해 이것들을 영국에 전하려 했다"고 주장했다. 또 인디언들이 할디먼드에게 보내는 서한에서 백인 농부 수백 명뿐만 아니라 여성 88명과 소년 193명을 어떻게 살해했는지, 또 어떻게 머릿가죽을 벗겨 말리고 색을 칠해 꾸몄는지를 소상히 설명했다고 전했다. 인디언들이 쓴 서한에는 "이 머릿가죽들을 바다 건너 위대한 (영국) 국왕에게 전하라. 국왕 기분이 좋아질 것이다. 또 그의 적들(미국인)을 쳐부수는 데 우리가 얼마나 진심인지를 알게 되리라"는 말도 적혀 있었다고 한다.[2]

가짜뉴스 퍼뜨린 미국 '건국의 아버지들'

『서플리먼트 투 더 보스턴 인디펜던트 크로니클』을 발행한 사람은 미국 건국의 아버지 벤저민 프랭클린이었다. 당시 그는 파리에서 열린 영국과의 독립 협상에 미국 대표단으로 참여하고 있었다. 1755년 시작된 미국 민병대와 영국군의 전쟁은 1782년 사실상 미국의 승리로 끝이 난 상태였다.

그해 양측은 파리에 모여 미국의 독립 조건을 놓고 또 다른 전투를 벌였다. 미국 독립운동 진영의 핵심 인물로 작가이자 언론인, 사상가,

외교관이던 프랭클린이 한 가지 아이디어를 냈다. 바로 여론전, 가짜뉴스를 이용한 여론몰이였다.

파리발 신문에 실린 인디언 원주민들의 미국인 학살 사건은 프랭클린이 '만들어낸' 뉴스였다. 영국의 잔학함을 세상에 알림으로써 미국에 대한 동정과 지지 여론을 조성해 협상을 유리하게 이끌려는 전략이었다. 인디언 원주민의 양민 학살에 관한 이 '가짜뉴스'가 영국과의 독립 협상에 얼마만큼 영향을 미쳤는지는 알 수 없지만, 미국 대표단은 협상에 성공해 결국 독립을 이끌어냈다.[3]

벤저민 프랭클린이 1782년 만든 『서플리먼트 투 더 보스턴 인디펜던트 크로니클』. 신문처럼 보이지만 실제로는 여론전을 위해 가짜뉴스를 퍼뜨릴 목적으로 만든 인쇄물이었다.

문제의 기사는 이후에도 인디언 원주민과 영국의 잔혹함을 보여주는 증거로 여러 신문 기사에 인용됐다. 프랭클린은 기사가 가짜라는 것을 아는 주변 사람들에게 "본질은 진실"이라고 주장했다고 한다. 친구에게 보낸 서한에서는 "언론을 통해 (다른) 국가들에게 말할 수 있다"며 "정치인들은 쇠가 달아오르면 두들기고 계속 두들겨 불길을 만들어낼 수도 있다"고 쓰기도 했다. 목적을 위해서라면 가짜뉴스로 분위기를 달궈 몰아붙일 수 있다는 것이다.

넬슨 키스Nelson Keyes의 『벤 프랭클린: 애정 어린 초상Ben Franklin: An Affectionate Portrait』에 따르면, 프랭클린은 언론인으로 활동하는 동안 '리처드 손더스' 등 최소 100여 개의 가짜 이름으로 기사와 칼럼을 썼으며 개중에는 사실과 거리가 먼 조작도 있었다.[4]

가짜뉴스를 퍼뜨린 '미국 건국의 아버지'는 프랭클린 말고도 또 있다. 2대 대통령 존 애덤스다. 그는 1769년 일기에서 독립운동을 위해 영국 왕실과 왕당파의 권위를 떨어뜨리는 가짜뉴스를 쓰며 저녁 시간을 보내곤 했다고 자랑스럽게 언급했다.

> 글과 기사, 사건을 지어내고 정치적 엔진을 가동했다.
> cooking up paragraphs, articles, occurrences and working political engine.

한 예로, 영국 국왕이 미국인들을 죽이려 병사 수천 명을 파병했다는 뉴스도 애덤스가 만들어낸 가짜뉴스 중 하나였다. 그랬던 그도 대통령이 돼서는 연방주의를 훼손하는 주장과 뉴스, 특히 한때 자기가 몰두했던 가짜뉴스 유포를 막기 위해 강력한 언론 통제법을 도입했다.[5]

미국 대선을 어지럽힌 가짜뉴스

도널드 트럼프 이전에도 미국 대통령 선거에는 어김없이 가짜뉴스가 판을 쳤다. 특히 1828년 대통령 선거는 최악의 흑색선전이 난무한 선거로 평가받는다. 후보는 6대 현역 대통령 존 퀸시 애덤스와 독립 전쟁의 영웅 앤드루 잭슨. 두 사람은 4년 전 1824년 대선에서도 맞붙은 적이 있었다. 당시 승자는 애덤스. 재대결에서 애덤스는 반드시 재선을 이뤄야 한다는 목표를, 잭슨은 4년 전 패배의 수모를 되풀이할 수 없다는 강렬한 의지를 다지고 있었다.

선거전이 걷잡을 수 없이 과열되는 가운데 애덤스 진영은 잭슨의 어머니에 관해 거짓말을 퍼뜨리기 시작했다. 잭슨의 어머니는 영국군이 미국 대륙으로 데리고 온 '창녀'였으며, 후에 흑인과 결혼해 자식을 여러 명 낳았는데 그중 한 명이 잭슨이란 것이었다.

이는 사실이 아니었다. 잭슨의 아버지 앤드루 잭슨은 스코틀랜드와 아일랜드 혼혈이었고, 어머니 엘리자베스 허친슨은 아일랜드인이었다. 두 사람은 1765년 아일랜드에서 미국으로 이주했는데, 이미 1761년 결혼해 아들이 둘 있었다. 아버지 앤드루 잭슨은 셋째 아들 잭슨이 1767년 3월 15일에 태어나기 3주 전 사고로 세상을 떠났으며, 어머니 엘리자베스는 잭슨이 14세가 되던 해에 콜레라에 걸려 사망했다.

애덤스 진영은 잭슨이 노예상이었으며, 인디언을 죽여 시신을 먹었다는 가짜 소문도 퍼뜨렸다. 잭슨 진영도 이에 맞서 애덤스가 러시아 주재 공사로 일하던 당시 러시아 황제에게 어린 소녀를 성 상납하고, 대통령 재임 기간에 백악관에 개인용 당구대를 들여놓는 등 국민 혈세를 남용했다고 주장했다.[6]

선거는 잭슨의 승리로 돌아갔다. 그러나 대통령에 당선된 지 3주 후 잭슨의 부인 레이철이 갑자기 사망했다. 심장과 폐가 좋지 않았던

미국 제7대 대통령 앤드루 잭슨의 얼굴이 담긴 20달러 지폐(왼쪽)와 그의 부인 레이철의 초상화.

레이철은 대통령 선거를 치르면서 스트레스로 건강이 악화된 것으로 전한다. 그는 애덤스 진영으로부터 '중혼' 공격을 받기도 했는데, 이는 가짜뉴스라기보다는 사실을 다소 과장한 것이었다.

레이철은 첫 결혼을 불행하게 끝낸 후 잭슨과 사랑에 빠져 재혼했다. 하지만 첫 남편이 아직 이혼 수속이 끝나지 않았다고 주장하고 나서면서 레이철과 잭슨은 일정 기간 중혼 상태가 되어버렸다. 전문가들은 당시 이혼 관련 행정 처리가 복잡했던 데다 통신이 발전하지 못했던 상황을 고려하면, 레이철과 잭슨이 의도적으로 '중혼'을 저지른 것으로 보기는 어렵다는 견해다.

어쨌든 레이철은 대선 기간에 이 문제로 공격을 받자 "워싱턴의

궁전(백악관)에 들어가 사느니 신의 집 문지기가 되겠다"며 워싱턴 정치에 강한 반감을 드러냈다. 아내를 잃은 잭슨은 가짜뉴스로 가족을 괴롭힌 정적들을 평생 용서하지 않았다.

아내의 장례식에서 그는 눈물을 겨우 삼키면서 "모든 적을 용서할 수는 있지만 레이철에 대해 거짓말을 한 악마 같은 비열한 놈들은 신의 자비를 바라야 한다"고 말했다. 며칠 뒤 친지들에게는 "레이철이라면 분명 자기를 죽인 살인자들을 용서할 것이다. 전지전능하신 신도 그리하실지 모르겠다. 하지만 나는 결코 그럴 수 없다"고 털어놓았다. 아내 없이 홀로 백악관에 들어가기 위해 집을 나서면서는 "가슴이 찢어진다. 힘을 내려 해도 그럴 수가 없다"고 했다.[7]

로마 역사를 바꾼 거짓 소문

세계적인 권위를 자랑하는 『옥스퍼드 영어 사전』은 2016년 '올해의 단어'로 '탈脫진실post-truth'을 선정했다. 이듬해에는 『콜린스 사전』이 '가짜뉴스fake news'를 그해의 단어로 꼽았다.[8] 2017년 부동산 사업가 도널드 트럼프가 45대 미국 대통령에 취임한 것을 계기로 미국은 물론 전 세계에서 가짜뉴스의 심각성이 크게 대두했다.

가짜뉴스는 갈등을 악화하고 불안정을 조장할 뿐만 아니라 민주주의의 기반까지도 뒤흔든다. 하지만 앞의 예에서 보듯, 가짜뉴스는 인터넷 시대에 나타난 새로운 현상이 아니다. 트럼프와 인터넷이 등장하기 수백 년, 아니 수천 년 전부터 인간과 함께해왔기 때문이다.

미국 남캘리포니아주립대학교 역사학과의 제이컵 솔Jacob Soll 교수는 2016년 『폴리티코』 매거진에 기고한 칼럼 「가짜뉴스의 길고 잔혹한 역사The Long and Brutal History of Fake News」에서 "가짜뉴스는 진짜 뉴스보다도 훨씬 오래 우리 주변에 있어왔다"며 구텐베르크가 1439년 인쇄 기술을 발명한 이후 본격적으로 뉴스가 공급되면서부터 가짜뉴스가 기승을 부렸다고 설명했다.[9]

2,000여 년 전 로마의 역사를 바꾸는 과정에도 가짜뉴스와 음모가 난무했다. 기원전 44년 로마의 최고지도자 율리우스 카이사르가 피살됐다. 그에게는 누이의 손자인 가이우스 옥타비아우스, 그리고 심복인 마르쿠스 안토니우스가 있었지만 둘 중 누구를 후계자로 삼겠다는 뜻을 공식적으로 표명한 적이 없었다. 이 중 옥타비아누스는 카이사르가 죽은 뒤 유언장에 따라 그의 양자로 입적된다.

누가 카이사르의 후계자가 될 것인지를 놓고 로마 제국은 내전의 혼란으로 휘말려 들어갔다. 카이사르의 죽음 이후 수년간 옥타비아누스와 치열한 싸움을 벌이던 안토니우스는 이집트에서 여왕 클레오파트라와 깊은 사랑에 빠진다. 기원전 36년, 그는 임신한 아내 옥타비아를 로마로 돌려보내기로 결정을 내린다. 당시 옥타비아는 남편의 공식 부임지인 그리스 아테네의 저택에서 아이들을 돌보고 있었다. 옥타비아는 옥타비아누스의 여동생이니, 안토니우스와 옥타비아누스는 처남 매부 사이였다.

옥타비아누스는 안토니우스의 결정을 정치적으로 이용한다. '동양의 정부情婦'에 빠져 합법적인 로마인 부인을 내친 안토니우스는 진정한 로마인이 아니라는 소문을 퍼뜨린 것이다. 로마의 전통과 가치를 인정하지 않는 이집트 여왕 클레오파트라에 빠져 장군으로서 업무를 등한시하며, 늘 술독에 빠져 지낸다는 말도 퍼뜨렸다. 동전에 안토니우스를 조롱하는 짧은 글귀를 새겨넣어 유통시키는 작전도 벌였다. 오늘날 소셜 미디어로 가짜뉴스를 전파하는 방식과 유사하다. 옥타비아누스는 권력 따위엔 관심 없다는 듯 스스로 집정관 자리에서 물러나겠다는 뜻을 표명했다. 다만 단서를 하나 달았다. 안토니우스가 집정관에서 물러나면 그렇게 하겠다는 것이었다. 안토니우스는 기소되어 몇 차례 로마로 소환당했으나, 이집트 알렉산드리아에 머물면서 응하지 않았다.

옥타비아누스에서 마녀사냥까지

기원전 35년, 안토니우스는 이집트의 지원을 받아 아르메니아를 정복하는 데 성공했다. 이듬해 알렉산드리아에서 가진 성대한 개선식에서 그는 클레오파트라와 율리우스 카이사르의 아들로 여겨지는 카이사리온을 이집트의 '왕 중의 왕', 그리고 그 자신과 클레오파트라 사이에서 태어난 아들 둘과 딸 하나에게 '아르메니아와 파르티아의 왕', '시리아와 리비아의 왕'이란 칭호를 부여했다. 이후 옥타비아누스와 안토니우스의 상호 비방전은 더욱 치열해졌다.

안토니우스는 옥타비아누스가 권력을 찬탈했다고 주장했고, 옥타비아누스는 안토니우스가 불법으로 속주를 차지하고 로마의 영토를 자기 자식들에게 넘겼다고 비난했다. 안토니우스와 옥타비아가 이혼

한 기원전 33년, 옥타비아누스는 안토니우스가 작성한 유서를 입수했다며 상원에서 그 내용을 공개했다. 일설에 따르면 이 유서는 안토니우스에게 등을 돌린 측근들이 옥타비아누스에게 넘겼다고 한다.

유서에서 안토니우스는 카이사리온을 카이사르의 적법한 후계자로 공표했다. 또 자신이 죽으면 로마가 아니라, 이집트 알렉산드리아의 클레오파트라 옆에 묻어달라고 밝혔다. 이 내용에 로마 시민들은 안토니우스가 로마와 사실상 단절한 것으로 받아들였다. 그동안 옥타비아누스의 온갖 비난에도 안토니우스를 사랑하고 존경했던 로마인들이 결정적으로 등을 돌린 것이다.[10] 이 유서를 진짜 안토니우스가 썼는지는 아직까지도 논란이다. 학계에서는 옥타비아누스 측이 유서의 일부를 조작했을 가능성도 제기하고 있다.

기원전 32년, 원로원은 안토니우스를 해임하고 클레오파트라에게 선전포고를 했다. 기원전 30년 8월, 로마군이 이집트에 상륙하자 안토니우스는 패배의 절망 속에서 자살했다. 탁월한 정치 감각, 특히 여론전에 능했던 옥타비아누스는 결국 로마 초대 황제 자리를 차지했고, 40년 넘게 권력을 휘둘렀다.

마녀사냥 등 온갖 미신과 유대인 혐오증 등이 난무한 중세 유럽에서도 가짜뉴스가 민중의 일상을 뒤흔들었다. 대표적인 예가 바로 1475년 부활절에 이탈리아 트렌토에서 벌어진 어린이 실종 사건이다. 두 살 반 아이 시모니노Simonino가 감쪽같이 사라지자 마을이 발칵 뒤집혔다. 베르나르디노 다 펠트레Bernardino da Feltre 신부는 설교에서 유대인들을 범인으로 지목했다. 그는 이들이 유월절을 맞아 아이를 납치해 죽인 다음 피를 마셨다고 주장했다. 유월절에 어린 양을 제물로 바치는 유대교의 전통을 어린이 실종 사건과 연결해 기독교인들의 혐오를 부추기고 나선 것이다. 아이의 시신이 한 유대인의 집 지하실에서 발견됐다는 근거 없는 말도 서슴지 않았다.

신부의 주장이 빠르게 퍼져나가면서 트렌토는 공포에 빠졌다. 급기야 요하네스 힌더바흐Johannes Hinderbach 주교는 트렌토에 있는 유대인을 모두 체포해 범죄를 규명하라는 명령을 내린다. 이에 따라 수많은 유대인이 잡혀 끔찍한 고문을 당했다. 그중 열다섯 명은 견디다 못해 죄를 인정하고 화형당했다.

이 사건을 계기로 다른 도시에서도 유대인 학살이 자행됐다. 시모니노는 실종 사건과 유대인의 연관성에 회의적이던 당시 교황청은 힌더바흐 주교를 저지하려 했지만, 그는 아랑곳 않고 유대인들의 기독교인 살해를 더욱 강하게 주장했다. 심지어 시모니노가 수없이 기적을 일으켰다면서 '성자'로 치켜올리기까지 했다. 역사학자들은 12세기 이후 유럽에 퍼진 유대인의 기독교 아동 살해와 피 마시기에 관한 가짜뉴스들이 오늘날 반유대주의의 근간이 됐다고 본다. 나치의 반유대주의 역시 중세 시대 유대인 혐오증에 뿌리를 둔 셈이다.

가짜뉴스가 일으킨 진짜 전쟁

기성 언론사가 신문 판매를 위해 가짜뉴스를 생산해 퍼뜨리고 전쟁까지 불러온 사례도 있다. 막 20세기에 접어들던 무렵, '옐로저널리즘(황색 언론)'이란 단어를 탄생시킨 『뉴욕월드』와 『뉴욕저널』의 '신문 전쟁'이다.

조지프 퓰리처Joseph Pulitzer의 『뉴욕월드』와 윌리엄 랜돌프 허스트 William Randolf Hearst의 『뉴욕저널』은 치열한 라이벌 관계였다. 두 신문이 자극적인 사건 사고 기사로 경쟁을 벌이던 중, 1895년 스페인 식민지 쿠바에서 스페인에 대항하는 무장봉기가 일어났다. 미국 내에서는 쿠바 동정론과 독립론이 급부상했고, 『뉴욕월드』와 『뉴욕저널』은 쿠바에 기자들을 보내 스페인의 만행을 주장하는 자극적인 기사를 연일 쏟아냈다.

하지만 이런 기사는 대부분 사실이 확인되지 않은 소문이었다. 전쟁 이미지를 포착하라는 허스트의 명령을 받고 쿠바에 도착한 삽화가 프레더릭 레밍턴Frederic Remington이 "긴장이 완화돼 전쟁 같은 건 없다"고 전보를 보내자, 허스트가 "당신은 그림이나 대시오, 전쟁은 내가 공급하겠소You furnish the pictures and I'll furnish the war"라고 답신했다는 것은 유명한 일화다.[11]

1898년 1월 쿠바 상황이 악화되자 미국 정부는 자국민 보호를 이유로 메인호USS Maine를 쿠바의 수도 아바나에 급파했다. 쿠바 독립군과 스페인군 간에 전투가 계속되던 1898년 2월 15일 오후 9시 40분, 아바나항에 정박했던 메인호가 원인 모를 폭발로 침몰해 미국 해군 266명이 사망하는 참사가 일어난다. 허스트의 『뉴욕저널』은 '적의 비밀 병기에 전함 메인호 두 동강 나다'란 기사에서 스페인 해군이 메인호 밑바닥에 몰래 기뢰를 설치한 다음 쿠바 해변에서 원격조종으로 터뜨렸다고 주장했다. 스페인 기뢰의 설계 도면을 게재해 기사 내용을 더욱 그럴듯하게 만들기도 했다.[12] 『뉴욕저널』은 메인호 사건에 관한 정보를 제공하는 사람에게 5만 달러를 주겠다고 대대적으로 광고했다. 『뉴욕월드』 역시 비슷한 기사로 지면을 채웠다.

당시에도 일각에서는 두 신문의 과도한 몰아가기식 보도를 크게 우려했다. 하지만 미국 여론이 쿠바 사태 개입과 스페인 응징론으로 기울면서, 1898년 4월, 의회는 결국 스페인에 선전포고를 내린다. 미국은 쿠바와 필리핀에서 승리를 거뒀다. 그해 12월 10일, 미국은 파리조약에 따라 스페인으로부터 쿠바와 필리핀, 푸에르토리코, 괌의 지배권을 빼앗았다. 이로써 미국은 세계 패권 국가로 일어서게 되었다.

『뉴욕 저널』은 1898년 쿠바에서 스페인 해군이 미 군함 메인호를 폭발시켰다는 확인되지 않은 보도를 한 뒤 5만 달러의 제보 현상금을 내걸었다.

그로부터 70여 년이 흐른 1971년, 메인호 폭발 사건 재조사 결과 보일러실에서 일어난 사고로 배가 폭발했다는 잠정 결론이 나왔다. 1976년 해군 조사에서는 메인호의 석탄 저장고에서 자연발화가 일어나 폭발과 침몰로 이어졌다고 판단했다.[13]

19 브라질은 왜 커피 대국이 됐을까

#원두커피 #아라비카 #로부스타 #아메리카노
#스타벅스 #네슬레 #네스카페 #루이싱

'배달의민족'을 운영하는 우아한형제들은 2020년 사내에서 자율 주행 배달 로봇 '딜리타워'를 시범 서비스했다. 직원들이 사내 카페에 음료나 간식을 주문하면 딜리타워가 각 층의 사무실로 배달하는 방식이었다. 로봇의 움직임은 자동문, 엘리베이터와 연동됐다. 딜리타워는 주문자가 있는 층으로 찾아가 주문자에게 전화를 걸어 도착을 알린다. 주문자는 휴대전화 번호를 입력한 뒤 적재 칸을 열고 커피를 꺼낸다. 로봇과 인공지능이 '커피 한 잔의 여유'와 결합되는 순간이다.

아직은 배달 회사의 사내 실험에 불과하지만 코로나19가 키워놓은 '비대면 경제'와 맞물리면서 첨단기술 융합은 더욱 늘어날 것이 분명하다. 카페 대신 로봇, 커피 타임 수다 대신 무인 배달이 더 흔해질 날이 곧 올지도 모르겠다.

현대인에게는 취향이자 여유이자 삶의 일부가 된 커피. 커피라는 단어는 아랍어의 '카흐와qahwah', 배고픔을 달래준다는 뜻의 '카히야qahiya'에서 나온 것으로 알려져 있다. 커피의 원산지로 알려진 에티오피아 '카파Kaffa'에서 나왔다는 얘기도 있다. 출발점이 어디든 이 말이 오스만튀르크로 넘어가면서 '카흐베kahve'가 됐고, 네덜란드 상인들이 부르던 '코피에koffie'를 거쳐 16세기 말 영어에 '커피'라는 단어가 등장했다고 한다.

커피를 들여간 브라질의 문익점

커피를 가리켜 '세계에서 석유 다음으로 많이 거래되는 상품'이라고들 한다. 주된 품종은 아라비카와 로부스타다. 국제커피기구ICO, International Coffee Organization는 볶지 않은 원두 60킬로그램짜리 포대를 기준으로 생산량 통계를 낸다. 이 자료를 보면 2020년 세계의 원두 생산량은 1억 7,535만 포대, 얼추 계산하면 약 1,052만 톤이었다.[1]

케냐, 에티오피아, 과테말라, 브라질, 코스타리카… 우리가 흔히 듣는 원두커피의 원산지다. 커피는 70여 개 나라에서 재배한다. 초콜릿의 원료인 카카오는 여러 나라에서 재배하지만 생산량을 놓고 보면 코트디부아르와 가나를 비롯한 서아프리카 일대가 압도적이다. 반면 커피 재배 지역은 범위가 훨씬 넓고 주요 생산국도 많다. 주로 열대권 남미와 동남아시아, 아프리카에서 많이 키우는데, 양으로 보면 브라질이 단연 1위다. 2020년 브라질은 약 414만 톤을 생산해, 전 세계

기타 국가들
7%

니카라과
과테말라
페루
멕시코
우간다

인도
3.2%

온두라스
3.4%

에티오피아
4.2%

인도네시아
6.9%

브라질
39.3%

베트남
16.5%

콜롬비아
8.1%

세계의 커피, 어느 나라가 얼마나 생산할까.

커피 생산량의 39퍼센트를 차지했다. 베트남, 콜롬비아, 인도네시아 등이 뒤를 이었다.

하지만 브라질이 중남미 커피의 시작점은 아니었다. 1727년 프란시스코 지 멜루 팔례타Francisco de Melo Palheta라는 사람이 브라질에 커피를 처음 심었다고 하는데, 주변 나라 원주민들이 아프리카에서 흘러들어온 커피를 키우는 것을 보고 브라질을 식민 통치한 포르투갈인들도 재배하게 됐다고 한다. 그래서 이웃한 프랑스령 기아나에 문의를 했지만 기아나 측에선 가져가지 못하게 했다. 기록에 따르면 지멜루 팔례타는 국경분쟁을 해결하기 위해 외교관 임무를 띠고 기아나에 갔다가 몰래 씨를 숨겨 돌아왔다고 한다. 브라질판 문익점은 목화가 아니라 커피를 들여간 셈이다.

19세기에 미국과 유럽에서 커피를 즐기는 이들이 늘자 브라질 리우데자네이루, 상파울루, 미나스제라이스 등지에 광대한 농장이 생겨

1920년대 브라질 상파울루 부근의 커피 플랜테이션 농장.

났다. 유럽계 대지주들이 노예나 저임금 노동자를 동원해 식량 작물이 아니라 수출용 작물을 키우는 전형적인 플랜테이션 농장이었다. 커피값이 뛰자 금 채굴에 열심이던 대지주들이 커피에 눈을 돌렸다. 이미 1820년 무렵에 브라질은 세계 커피 생산량의 20퍼센트를 차지했다. 1840년대가 되자 세계 커피 생산량과 수출량 모두에서 브라질의 지분이 40퍼센트로 늘어났다. 시장을 지배하는 지금의 지위가 이미 그때 만들어진 것이다.

처음엔 노예노동에 의존했다. 19세기에 브라질 농장에서 일한 커피 노예가 150만 명에 달했다고 한다. 하지만 1850년 국제 노예무역이 금지됐고, 커피 농장들은 더 이상 일손을 늘리기 어렵게 됐다. 1888년에는 브라질 국내에서도 노예 거래가 불법이 됐다.

커피 농사 때문에 브라질 지주들이 노예제 폐지를 늦췄다는 얘기도 있다. 하지만 그들의 걱정과 달리, 농장 노동자들의 임금은 노예제가 사라진 뒤에도 크게 올라가지 않았다. 노예에서 풀려난 사람들, 가난한 흑인들, 이탈리아인들과 스페인, 일본 이주 노동자들이 커피 농장으로 향했기 때문이다. 이런 현실은 지금이라고 크게 다르지 않다. 빚 때문에 농장에 매여 사실상 노예 신세인 이들이 아직도 브라질의 커피 산업을 떠받치고 있다.[2]

철도가 깔리고 세계의 커피 소비가 계속 늘면서 20세기 초 커피는 브라질의 명실상부한 주력 수출 상품이자 GDP에서 두 자릿수 퍼센티지를 차지하는 거대 산업이 됐다. 당시에는 커피 농장 대지주들이 정치까지 주물렀다. 1960년대 후반까지도 커피는 브라질 전체 수출에서 최대 60퍼센트를 차지했다. 브라질에 이어 커피를 많이 생산하는 나라는 베트남으로 2020년 174만 톤을 키워냈다. 콜롬비아, 인도네시아, 에티오피아, 온두라스 등이 뒤를 잇고, 인도도 주요 생산국 명단에 이름을 올렸다.

정작 커피의 고향이라는 아프리카는 생산량이 많지 않다. 에티오피아 다음으로 커피를 많이 키우는 나라는 우간다와 코트디부아르다. 한국서 인기 많은 탄자니아 커피는 어떨까? 2020년 탄자니아의 생산 순위는 세계 15위였지만 생산량은 5만 4,000톤에 그쳤다. '케냐 AA'로 유명한 케냐는 4만 6,500톤에 불과했다.[3]

그런데 '수출을 얼마나 많이 했느냐'로 시각을 바꾸면 생산량 통계와는 순위가 확연히 달라진다. 월즈톱엑스포츠닷컴의 통계[4]를 보면 커피는 2020년 세계에서 314억 달러, 약 37조 원어치가 거래됐다. 커피숍에서 마신 것 말고 국가 간에 거래되는 원두만 그 정도라는 얘기다.

여기서도 1위는 브라질이다. 50억 달러어치를 수출해, 세계를 오간 커피 교역액의 16퍼센트를 차지했다. 2위는 스위스(29억 달러), 3위는 독일(26억 달러)이다. 그 뒤를 콜롬비아, 베트남, 이탈리아, 프랑스 등이 잇고 있다. 10대 수출국 가운데 유럽이 벨기에까지 5개국에 이른다. 이유는 단순하다. 스위스에는 네슬레Nestlé가 있다. 원두를 수입해 가공해 파는 나라가 유럽에 많다는 얘기다. 네슬레는 1938년에 네스카페Nescafé라는 브랜드를 만들고 커피 판매를 시작했다.

그렇다면 수입을 가장 많이 하는 나라는? 미국이다. 2020년 310억 달러어치를 수입했다. 독일, 프랑스, 이탈리아, 캐나다가 그 뒤를 따르는 원두 수입국이다. 이들이 사들인 양이 전체의 48퍼센트였다. 한

국도 주요 수입국 중 하나다. 연간 약 7억 3,800만 달러어치를 수입,
세계 12위에 올랐다.

중국의 '커피 전쟁'

차의 나라 중국도 30여 년 전부터 커피를 생산하고 있다. 남부 윈
난성에서 1988년 재배를 시작한 것이 중국산 커피의 시초였다.[5]

윈난에 프랑스 선교사들이 커피나무를 가지고 들어간 것은 19세기
말. 하지만 차 생산지로 유명한 윈난에서 커피 농사는 자리를 잡지
못했다. 그러다가 1988년 중국 정부와 세계은행, 유엔개발계획UNDP
이 공동으로 이 지역에서 커피 재배 프로그램을 추진했다. 지역 농민
들의 소득을 늘려주기 위해서였다. 스위스 네슬레도 윈난에 들어가
커피 재배에 손을 댔다. 2007년 설립된 중국 최대 인스턴트커피 회사
허우구커피后谷咖啡도 윈난성 더훙에 농장이 있다. 윈난 농민들은 허
우구에게서 종자를 받아 재배하고, 거둬들인 열매를 다시 허우구에
넘기는 계약 농민이 됐다. 푸젠성과 광둥성, 하이난에서도 커피가 나
긴 하지만 중국에서 키우는 커피의 98퍼센트가 윈난에 있다. 2014년
브라질에 가뭄이 들어 커피 수확량이 줄자 유럽으로 수출되는 윈난
커피 양이 늘어났다. 이 무렵 중국의 커피 수출량이 이미 12만 톤에
이르렀다는 추산이 있지만, 국제커피기구 등의 공식 통계에는 나오
지 않는다.

중국의 커피 수출이 본격화하고 있지만 그보다는 중국의 커피 내

205

수가 늘어나는 것이 세계 커피업계의 관심사다. 『차이나데일리』는 2020년 4월 국제커피기구를 인용해 중국의 커피 소비량이 10년 새 연간 16퍼센트씩 늘어났다고 보도했다. 시장 규모는 3,000억 위안, 약 51조 원으로 추산된다. 그해 3월 스타벅스는 중국 동부에 대규모 로스팅 단지를 만들겠다는 계획을 발표했다. 미국 바깥에 스타벅스가 대규모 생산 시설을 만드는 것은 처음 있는 일이다. 영국 코스타 커피도 중국 시장에 공을 들이고 있다. 『차이나데일리』에 따르면 첨단 기업과 젊은 노동자 들이 몰려 있는 장쑤성 쿤산 경제기술개발지구는 다국적 커피 브랜드들의 경연장이라고 한다.[6]

중국 시장을 노린 경쟁이 너무 치열하다 보니 2017년 미국 회사인 스타벅스와 중국 기업 루이싱커피瑞幸咖啡 사이에 '커피 전쟁'이 벌어지기도 했다. 2020년 기준으로 중국 내 스타벅스 매장은 4,700여 개다.[7] 2017년 설립된 중국 토착 기업 루이싱은 공세적으로 전국에 매장 4,500여 개를 열면서 스타벅스와 경쟁했다. 하지만 미국 증시에 진출했다가 도널드 트럼프 행정부의 대중국 공세 속에 '회계 부정'으로 찍혀 쓴맛을 봤다. 스타벅스와 루이싱의 경쟁은 미·중 무역 전쟁

미국 회사인 스타벅스와 중국 기업 루이싱커피는 거대한 중국 커피 시장을 놓고 치열한 경쟁을 벌였다.

의 대리전처럼 여겨졌고, 미국의 압박에 반발한 중국 소비자들 사이에 루이싱 바람이 불기도 했다.

스타벅스는 커피를 얼마나 팔까

커피 대국은 단연 브라질이지만 수출을 많이 하는 나라들은 오히려 유럽에 있다. 그럼 가장 많이 마시는 나라는 어디일까?

핀란드다.[8] 소비 역시 유럽이 많다.

중동에 비하면 유럽에서는 오히려 커피가 늦게 유행했다. 심지어 커피라는 음료를 알게 됐을 때, 유럽에서는 정신을 흥분시키는 이 낯선 액체를 거부하는 움직임도 일었다. 그러다가 16세기에 교황 클레멘트 8세가 한잔 마셔보더니 나쁠 것이 없다며 공식적으로 기독교 신자들에게 커피를 허락했다는 일화가 있다. 그 후에 유럽 전역으로 퍼졌고 이민자들을 따라 남북 아메리카 대륙으로도 건너갔다. 17세기에는 영국 런던에 커피하우스가 이미 300곳이 넘었다고 한다. 과학자와 예술가, 작가, 상인, 정치인 들이 모여 밤새도록 커피를 마시며 예술과 사회와 정치를 토론하는 풍토가 자리 잡았다. 중동과 터키에서 먼저 유행한 커피숍 문화가 유럽에도 정착된 것이다.

미국 사람들은 해마다 1인당 커피 4.4킬로그램을 소비한다는 통계가 있다. 하루 석 잔꼴이다. 하지만 '아메리카노'로 유명한 미국도 1인당 커피 소비량에서는 세계 25위에 불과하다. 세계에서 커피를 가장 많이 마신다는 핀란드의 1인당 연간 소비량은 미국인들의 세 배,

12킬로그램이다. 하루 예닐곱 잔씩 마시는 셈이다. 직장에서도 오전과 오후에 10분씩 '커피 휴식 시간'을 둘 정도라고 한다.

2위는 노르웨이, 3위는 아이슬란드다. 아이슬란드에서는 1987년까지 맥주가 금지됐고, 그래서 커피가 더 인기를 끌었다. 4위는 덴마크, 5위 네덜란드, 이어 스웨덴과 스위스, 벨기에, 룩셈부르크 순으로 이어진다. 대체로 하루 석 잔 이상 마시는 나라들이다. 한국도 커피 시장이 커지긴 했지만 농림축산식품부와 한국농수산식품유통공사의 보고서[9]를 보면 2019년 한 해 동안 한국인은 1인당 428잔을 마셨다고 한다. 하루 한 잔이 조금 넘는 양이다.

세계적으로도 인기가 있지만 특히 한국에서 막강한 브랜드 파워를 과시하는 스타벅스. 2021년 3월 기준으로 스타벅스 매장은 세계에 약 3만 3,000곳이 있다. 그 가운데 미국 이외 지역에 있는 것이 약 2만 4,000개. 매장 숫자로 보면 세계 최대 식음료 체인이다.[10] 그다음으로 세계에 많이 퍼진 던킨도너츠 매장이 약 1만여 개이니 스타벅스의 3분의 1에도 못 미친다. 한국 내 매장은 5,000곳이 넘어 세계에서 다섯 번째로 많다. '스벅'이 워낙 인기를 끌다 보니 역세권 비슷한 '스세권'이라는 말까지 나올 정도다.

그런데 매장 숫자는 많아도 로스팅해서 파는 원두 양으로 치면 스타벅스는 세계 1위가 아니다. 생콩을 가장 많이 볶아 파는 회사는 역시나 네슬레다. 그다음은 독일 회사 JDE 피츠Jacobs Douwe Egberts Peet's이고 스타벅스는 3위다.[11]

20 한 잔에 140리터, '물 먹는 커피'

#칼디와염소 #맥심 #가상수 #기후변화 #탄소발자국

커피의 기원이 어디인가에 대해서는 에티오피아냐 예멘이냐를 놓고 설이 엇갈린다. 9세기 에티오피아의 목동 칼디Kaldi가 염소들이 어떤 식물을 씹으면서 춤추는 것을 보고 커피를 발견했다고들 하는데, 명확한 근거는 없다. 학자들의 조사에 따르면 유럽에 '칼디의 전설'이 처음 등장한 것은 1671년이었다고 한다. 커피가 들어온 후 뒤늦게 생겨난 탄생 신화일 가능성이 높다.

또 다른 설은, 아라비아반도 남부 예멘의 모카 지역 출신 이슬람 수행자 오마르가 굶주리며 기도하다가 사막에서 기적의 식물인 커피를 발견했다는 것이다. 어찌 됐든 홍해를 사이에 두고 마주 보는 동아프리카와 아라비아반도 남단이 커피의 자생지였던 것은 분명해 보인다.

한동안 한국에서 커피의 대명사는 '맥심'이었다. 믹스 커피는 지금도 수많은 직장인의 벗이다. 커피보다는 설탕 맛이라지만, 원두커피가 지금처럼 일반화되지 않았을 때는 커피 자판기 앞이 식후의 휴식처였다.

천덕꾸러기 로부스타의 재탄생

인스턴트커피가 발명된 것은 1907년으로 거슬러 올라간다. 그러나 인기를 끌기 시작한 건 두 차례 세계대전이 지난 20세기 중반부터다. 1947년에 커피 자판기가 탄생한 덕이었다. 한국을 비롯해 일본, 중국, 타이완 등에서 커피 캔 자판기가 퍼지면서 인스턴트커피 수요가 크게 늘기도 했다.

그 덕에 빛을 본 것이 로부스타 원두였다. 아라비카종에 비해 거칠고 맛이 없다고 여겨져왔으나, 네슬레가 로부스타에서 효과적으로 향 좋은 커피를 추출하는 법을 개발하면서 시장에서도 인정을 받게 된 것이다.

이는 세계 커피 생산 지도에도 영향을 미쳤다. 예를 들어 케냐는 19세기 후반부터 수출용 작물로 커피, 차, 파인애플을 주로 재배해왔다. 1990년대에 국제 원조 기구들이 자유무역을 권장하면서 돈이 되는 '환금작물cash crop'로 커피 생산량을 늘렸다. 그런데 1990년대 초 브라질에 서리가 심하게 내려 커피 작황이 나빠지면서 커피 가격이 치솟았고, 케냐의 커피 재배는 더더욱 늘어났다. 케냐 같은 아프리카 나라들이 주로 수출한 것은 아라비카 원두였다.

210

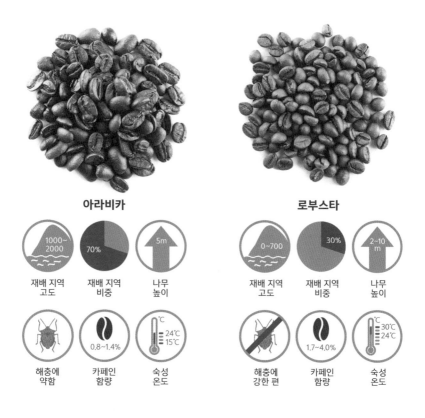

아라비카 **로부스타**

재배 지역 고도	재배 지역 비중	나무 높이
1000~2000	70%	5m

해충에 약함	카페인 함량	숙성 온도
	0.8~1.4%	24℃ 15℃

재배 지역 고도	재배 지역 비중	나무 높이
0~700	30%	2~10 m

해충에 강한 편	카페인 함량	숙성 온도
	1.7~4.0%	30℃ 24℃

아라비카와 로부스카 원두, 어떻게 다를까.

커피를 팔아 돈을 버는 나라들을 보고 뒤늦게 뛰어든 나라가 베트남이었다. 그러나 베트남을 비롯한 동남아시아 원두는 케냐와 경쟁 상대가 되지 않았다. 베트남의 기후는 로부스타 원두에 적합해서, 품질이 떨어지는 로부스타를 주로 키웠기 때문이다.

그런데 베트남에는 막강한 후원자가 있었으니, 바로 대형 커피 회사들이었다. 네스카페를 만드는 네슬레, 프록터 앤드 갬블, 크래프트

Kraft Foods, 사라 리Sara Lee Corporation 등 세계 커피콩 수요의 40퍼센트를 차지하는 대기업들이 베트남의 로부스타에 눈길을 돌린 것이다. 로부스타는 '고무 타는 냄새'와 비슷한 냄새가 나는데 가공 기법이 발달해 나쁜 향내를 없애면서 쓸모가 늘었다. 네슬레는 베트남에 커피콩연구소를 열었고, 2020년에는 커피 농장 체험장도 만들었다.[1]

1990년대에 로부스타는 아라비카의 40퍼센트에 불과한 가격에 힘입어 '대박 상품'이 됐다. 그 덕에 베트남은 '커피업계의 월마트'로 떠올랐다. 1990년과 2000년 사이에 100만 톤도 안 되던 베트남의 커피 생산량은 1,600만 톤으로 치솟았다. 미국 저널리스트 폴 로버츠Paul Roberts의 『식량의 종말The End of Food』에 소개된 이야기다.

그러나 생산이 너무 늘어난 탓에 로부스타 가격은 폭락했고, 설상가상 아라비카 가격마저 떨어졌다. 로버츠는 이렇게 설명한다. "안타깝게도 커피 생산에 발을 들이면 손을 떼기가 쉽지 않았다. 커피나무는 선행 투자가 필요한 작물이어서, 재배자들이 투자금을 일부라도 건지려면 손해를 보더라도 몇 년간 계속 수확하는 방법 외에는 대안이 없었다."[2]

그로 인해 '커피 파동'이 일어났고 2000년대 들어 전 세계에서 50만 명이 넘는 커피 노동자가 일자리를 잃었다. 베트남의 커피 플랜테이션은 방치됐고, 노출된 토양은 계절성 폭우에 침식되고 말았다.

커피 수출국 중에는 커피가 주력 상품이자 경제의 중추인 나라들이 있다. 주로 가공품이 아닌 원두를 수출하는 개발 도상국들이다. 자국민의 먹거리가 아니라 수출용 상품을 키우는 데 의존하는 나라들은 가격이 출렁이면 그 영향에 따라 경제마저 흔들리기 십상이다. 커피값에 수많은 농민의 삶이 걸린 것이다. 원두 가격은 21세기 들어와 20년 동안 꾸준히 하락세를 보였다. 국제커피기구에 따르면 2016~2018년 3년 사이에만 30퍼센트 넘게 떨어졌다. 그 결과 커피 농장 노동자의 실직이 줄을 이었다. 아프리카 중부 내륙 국가인 카메 룬에서는 절반이 넘는 커피 노동자가 일자리를 잃었다.[3]

'커피의 함정' 피해간 코스타리카

가난한 나라에서 커피는 돈 되는 작물이지만, 그 소득은 대체로 대 형 식품 회사나 대지주에게 가기 마련이다. 자작농보다는 대규모 플 랜테이션 농장이 많기 때문이다. 이런 농장들은 전에는 노예를 동원 했고, 지금은 저임금 노동자를 쓴다. 이 때문에 커피 같은 작물은 '제 국주의적인 식물'로 여겨지거나 '착취형 작물'이라는 비난을 받곤 한 다. '공정 무역 커피'가 나온 것도 그런 배경에서였다.

하지만 함정을 피해간 나라도 있다. 중미의 코스타리카는 자발적 으로 군대를 없애고 전쟁 대신 평화와 행복을 택한 나라다. 코스타리 카는 또한 '커피 때문에 망가지지 않은 나라'이기도 하다.

터키 태생의 미국 경제학자 대런 아제몰루Daron Acemoglu는 제임스 로빈슨James Robinson과 함께 쓴 『좁은 회랑The Narrow Corridor』에서 코스타리 카의 커피 산업이 지주들만의 돈벌이로 전락하지 않은 이유를 설명 한다. 19세기에 스페인으로부터 독립할 무렵 코스타리카는 주변 다 른 나라나 마찬가지로 저개발 상태였고, 6만~7만 명에 불과한 인구

코스타리카의 커피 농장.

는 대체로 고지대에 살았다. 그래서 독립 당시에는 강력한 지배계급이 없었다.

천연자원이 많은 나라들은 자원을 팔아 돈을 벌면서 제조업에 투자를 하지 않아 오히려 발전이 더딘 경우가 많다. 경제학자들은 이를 '자원의 덫'이라고 부른다. 그런데 코스타리카에는 '다행히도' 수출할 만한 광물자원이 그렇게 많지 않았다.

당시 코스타리카에는 중심 도시가 네 곳 있었다. 1821년 이 도시들이 모여 스페인 식민 통치로부터 독립을 선언하면서 '화합의 협정Pacto de la Concordia'을 체결하고 도시 간 경쟁을 피하기로 합의했다. 그때

이 나라가 가진 유일한 자산은 개발되지 않은 땅뿐이었다. 정부는 땅을 원하는 이들에게 무상으로 나눠주었다. 소규모 자작농에게 토지 소유권을 주고 보조금을 지원하는 법을 19세기 전반에만 세 번이나 통과시켰다. 19세기 중반이 되자 빈 땅은 모두 자작농에게 분배됐다. 코스타리카는 중미에서 처음으로 커피를 수출했는데, 이렇게 토지를 나눴기 때문에 커피 대농장들이 저임금 노동자를 채찍질해 돈을 벌고 국민 다수의 가난이 이어지는 것을 막을 수 있었다.[4]

커피 한 잔에 물 140리터

인간의 모든 행동, 모든 소비는 어쩔 수 없이 환경을 파괴하기 마련이다. 커피로 인한 환경 문제를 걱정하는 이들도 있다. 시원한 '아아' 한 잔을 담는 일회용 플라스틱 컵 때문만은 아니다. 가장 큰 걱정거리는 물이다.

커피나무는 원래 그늘진 숲에서 자라지만 산업이 커지면서 그늘 없이 땡볕에 재배하는 곳이 많아졌다. 그늘 재배에 비해 수확량이 많게는 다섯 배까지 늘어나기 때문이다. 하지만 그렇게 되면 커피와 함께 살던 미생물이나 곤충, 풀 따위가 없어져서 생물 종 다양성이 크게 줄어든다. 환경 단체들은 이런 커피 재배 방식이 생태계에 나쁜 영향을 준다고 지적해왔다.

또 커피 재배에는 물이 어마어마하게 들어간다. 커피 한 잔을 마시기까지 들어가는 물이 무려 140리터에 이른다는 조사가 있다.[5]

485리터 오렌지 1킬로그램	**15,000리터** 소고기 1킬로그램
2,700리터 티셔츠 1장	**20,000리터** 코코아 1킬로그램
11,000리터 청바지 1벌	**26,400리터** 커피 1킬로그램

상품을 생산하는 데 들어가는 물의 양.

　유럽투자은행의 '물 보고서'[6]를 보면 아프리카와 남미, 아시아에서 커피 1킬로그램이 생산돼 다른 나라로 유통되고 소비자의 목으로 넘어가기까지 물 2만 6,400리터가 들어간다. 어떤 먹거리가 입에 들어가기까지 투입되는 물의 양을 '가상수virtual water'라고 부르는데, 커피는 쇠고기보다 물을 더 많이 빨아들이는 먹거리다. 쇠고기 1킬로그램을 생산하는 데 들어가는 물 약 1만 5,000리터보다도 훨씬 많은 것이다.

　기후변화로 가뭄이 잦아지는 지역이 점점 늘어나고 있다. 니카라과나 에티오피아 같은 나라들은 아라비카 원두를 재배하던 경작지 절반이 이번 세기에 들어와서 사라졌을 정도로 가뭄 피해가 크다. 가장 큰 이유는 기후변화지만 커피 생산 자체가 물을 많이 빨아들이기 때문에 악순환이 심해진다. 커피를 재배한 농민들이 기업에 이익을 빼앗기지 않고 제 몫을 받을 수 있도록 유통 단계를 줄인 공정 무역 커피는 이제 한국에서도 낯설지 않다. 농민의 권익뿐 아니라 환경 피해를 줄이는 '지속 가능한 커피 생산'도 화두가 됐다.

브라질의 농장에서 서울의 커피숍까지 이동해온 커피를 생각해보자. 커피는 생산되는 곳과 소비되는 곳이 다르기 때문에 운송 과정에서 탄소가 많이 배출될 수밖에 없다. 2021년 1월 영국 유니버시티 칼리지 런던 연구진은 커피 생산부터 소비에 이르기까지 전 과정에서 발생하는 '탄소 발자국'을 발표했다.[7] 브라질 상파울루와 베트남의 부온마투옷 지역 농장에서 키운 원두가 영국에서 소비되는 과정을 분석한 것이었다. 계산을 해보니 커피 1킬로그램이 영국에 오기까지 베트남산은 탄소 16킬로그램, 브라질산은 14.6킬로그램을 뿜어냈다. 베트남 쪽 운송 거리가 더 길기 때문에 운송 수단에서 나온 탄소량도 더 많은 것으로 측정됐다.

커피가 이렇게 탄소를 내뿜는 식품이 된 이유로 연구팀은 '신선한 커피를 향한 욕구'를 꼽았다. 과거에는 볶지 않은 원두를 주로 선박으로 운반했는데, 요즘에는 항공 운송이 늘어났다는 것이다. 비행기는 배보다 운송 거리당 탄소를 100배나 많이 배출한다.

화학비료를 줄이고, 가공 과정에서 물과 에너지를 효율적으로 쓰고, 비행기 대신 선박으로 운송한다면 커피 1킬로그램당 탄소 배출량을 3.51킬로그램까지 줄일 수 있다고 연구팀은 지적한다. 커피 한 잔을 마시더라도 지구 환경을 생각해야 하는 시대다.

21 고래를 죽인 섬사람들

#페로제도 #고래사냥 #고래고기 #시셰퍼드 #산타클로스
#사미족 #폴매카트니 #맹크스 #소르브인 #라딘족 #멸종

2021년 9월 14일, 덴마크 자치령 페로제도에서 고래 1,428마리가 떼죽음을 당했다. 섬 당국이 '전통'이라고 주장하는 고래 몰이사냥 때문이었다. 희생당한 것은 참돌고래과의 일종인 거두고래와 낫돌고래였다.

페로제도에서는 오랫동안 고래를 사냥해왔다. 그런데 이때에는 규모가 너무 컸다. 1940년에 1,200마리를 하루에 몰살시킨 이래 90여 년 만에 최대 규모의 고래 사냥이 벌어진 것이다.

고래뿐 아니라 돌고래도 많이 죽었다. 돌고래는 대개 포경업의 대상이 아니며 페로섬에서도 주로 사냥하는 종이 아니었다. 돌고래 사냥은 2019년 10마리, 2020년 35마리에 그쳤는데 2021년 '사냥철'에 몰살당한 고래 중 약 250마리가 대서양낫돌고래였다.

학술적으로는 고래나 돌고래나 같은 고래목 동물이다. 대체로 다 자랐을 때 4미터가 넘으면 고래, 그보다 작으면 돌고래로 구분한다.

페로제도의 고래 사냥에서는 거두고래뿐만 아니라 낫돌고래가 대거 희생됐다.

해안을 메운 고래 사체

사냥이 벌어진 곳은 페로제도의 아이스투로이섬 남단 스콜레피오르 마을이었다. 바닷가를 메운 피투성이 돌고래 사체의 참혹한 광경이 소셜 미디어로 퍼지면서 세계에 충격을 안겼다.

특히 시각적으로 충격이 컸던 이유는 원양어업이 아니라 바닷가에서 벌어진 고래 몰이사냥이었던 탓이다. 근해로 나간 어선들이 고래를 몰면 궁지에 몰린 고래들이 해안으로 몰려드는데, 이때 바닷가에서 기다리던 어민들이 칼로 찔러 죽인 것이다. 죽은 고래는 모래밭에 끌어올려 해체하고 고기를 가져다가 지역에서 소비할 수 있도록 배분했다. 바다가 피로 물드는 참혹한 광경이 벌어졌다.

페로섬에서는 1,000년 전부터 고래를 잡아먹고 살았다. 섬 당국의 웹사이트에도 고래 사냥을 설명하는 항목이 있다. 이에 따르면 "거두고래는 세계 바다에 80만 마리 가까이 살고 있으며 멸종 위기종이 아니다." 고래 사냥은 해마다 하는 게 아니라 부정기적으로 필요할 때 할 뿐이고, 상업적 포경이 아닌 데다 사냥 방식도 면밀히 규제하고 있다고 한다.

실제로 페로제도 주변에는 거두고래 약 10만 마리가 서식하는 것으로 알려져 있다. 섬사람들은 연간 평균 600마리 정도를 잡는다. 고래

개체 수를 유지하면서 적정 숫자를 잡는 지속 가능한 어업이라고 어민들은 주장한다. 또 1,000년 전부터 고래를 잡아먹고 살아왔다며, 고래잡이를 비난하는 것은 자신들의 전통을 무시하는 것이라고 반발한다.

당국의 설명대로 이 섬의 고래잡이는 다른 곳에 내다 파는 것이 아니라 지역 주민들이 먹기 위한 용도다. 국제법이나 덴마크 국내법에 금지된 행위는 아니다. 고래 몰이사냥에 참여하려면 당국의 공식 허가증이 있어야 하는 것도 사실이다.

"잔인하다"는 비판에 대해 섬 측에서는 어떻게 설명할까? 지역구가 페로제도인 덴마크 의원 슈르두르 스칼레Sjúrður Skaale는 "고래의 척추를 먼저 자르는 독특한 방식으로 도축하기 때문에 거대한 고래도 몇 초만에 숨이 끊어지고, 따라서 그렇게 잔인한 사냥은 아니다"라고 주

덴마크령 페로제도에서 몇 년에 한 번씩 벌어지는 고래 몰이사냥은 잔혹성 때문에 세계의 논란거리가 되곤 한다.

장한다. 이 의원이 영국 BBC 방송에서 한 말이 재미있다. "동물 복지 측면에서 보자면 오히려 고기를 얻는 좋은 방법이다. 소나 돼지를 가둬놓고 키우는 것보다는 낫지 않느냐."

하지만 환경 단체들은 거세게 비난했다. 해양 동물 보호 단체로 포경 반대 활동으로 유명한 시 셰퍼드Sea Shepherd Conservation Society는 "야만적인 관행이고 학살"이라고 비판했다. 이 단체는 성명에서 "팬데믹으로 세계가 배운 게 있다면 인간이 자연을 쓸어버리는 대신 조화를 이루며 살아가야 한다는 것"이라며 "이 글로벌 팬데믹으로 세계가 멈춰선 가운데 페로제도에서 자연에 대규모 공격을 한 것은 끔찍한 일"이라고 주장했다. 시 셰퍼드는 특히 몰이사냥에 맞서서 1980년대부터 반대 운동을 해왔다.

독립 꿈 키우는 외딴 섬

페로제도는 대서양 북부, 스코틀랜드에서 320킬로미터 떨어진 곳에 있다. 노르웨이와 아이슬란드 사이에 있지만 그린란드와 함께 덴마크에 소속된 자치령이다. 면적은 1,400제곱킬로미터이고 인구는 5만 3,000명에 불과하다. 푀로잉야르føroyingar, 즉 페로인은 게르만계다. 언어는 페로어와 덴마크어를 쓴다. 척박하고 습기 차고 구름이 많이 끼는 북유럽의 섬이지만 난류의 영향으로 기온은 1년 내내 영상을 유지한다.

이곳에는 서기 300년 이후 노르스Norse라고 불리는 북유럽계 주민들이 살기 시작했다. 1035년부터 노르웨이 땅이었는데 1450년 이후 노르웨이가 덴마크의 지배를 받게 됐다. 19세기 초 나폴레옹 전쟁을 거치고 노르웨이는 1814년 덴마크 지배에서 벗어났으나, 페로제도는 1816년 그린란드와 함께 덴마크에 귀속됐다.

19세기 후반에 이르자 유럽 다른 지역과 마찬가지로 페로제도에서도 민족적 자각이 일어나 원주민 언어와 문화를 지키려는 움직임이 커졌다. 1906년에는 독립을 추구하는 정당도 생겼다. 전쟁은 민족주의를 부추겼다. 제2차 세계대전이 일어나고 1940년 독일군이 덴마크와 노르웨이를 침공하자, 거기에 맞서 방어하겠다면서 영국군이 페로제도를 점령했다. 전쟁도, 영국 점령도 끝났지만 페로제도에 대한 덴마크의 통제력은 약해졌고, 독립을 요구하는 주민들의 목소리가 커졌다.

1946년 독립 찬반 주민투표 결과는 찬성이 51퍼센트, 반대가 49퍼센트였다. 이에 따라 독립을 선언했지만 덴마크가 거부했고, 2년 뒤 덴마크는 독립을 막는 대신 자치를 허용했다. 그 후로 사법, 치안, 통화, 국방과 외교까지 페로제도가 독자적으로 운영하고 있다. 덴마크는 유럽 경제에 통합되는 길을 택했지만 페로제도는 그린란드와 마찬가지로 독자 노선을 걸었다. 관세협정도 외국과 따로 맺어왔다. 그런데 1990년대부터 어업이 시들해지면서 경제가 침체되기 시작했다. 한때는 실업률이 10퍼센트대로 올라갔다가 지금은 낮아져, 2019년에는 0.9퍼센트를 기록했다. 주민 대부분은 여전히 어업과 양식업에 종사하며 가장 큰 회사도 연어 양식 회사다. 재정의 10퍼센트 이상을 덴마크 정부의 지원에 의존하는 처지다.

고래는 누가 잡을까

때아닌 고래 사냥에 세계가 깜짝 놀랐지만, 페로제도가 자치 지역인 만큼 덴마크 정부도 관여하기는 힘들다. 덴마크는 섬 주민들의 결정을 옹호하는 편이기도 하다. 2014년에 시 셰퍼드가 페로제도의 고래잡이철에 배를 띄워 실력 행사로 사냥을 막으려 한 적이 있었는데, 이때 덴마크 정부는 자국 영해에서 물러나라며 군함을 띄워 시 셰퍼드의 배를 막았다.

페로제도만 고래를 잡는 건 아니다. 이웃한 아이슬란드에도 몰이 사냥 전통이 있었다. 그러나 아이슬란드에서는 1950년대 중반 정부가 포경업 지원을 끊었고, 어민들의 형편이 어려워지자 정부가 미군 기지를 두는 대가로 미국의 원조를 받아 논란이 일기도 했다. 1970년대부터 고래를 소규모로 잡긴 하지만 외국 수족관이나 테마파크에 넘기는 정도다. 지역의 고래 몰이사냥이 완전히 사라지지는 않았지만 돌고래는 에코 투어리즘의 일환으로 보호한다.

포경업으로 가장 큰 비난을 받는 나라는 일본이다. 일본 측 주장으로는 12세기부터 고래 사냥을 해왔다지만 상업적 규모에 이른 것은 1890년대다. 그후 20세기 내내 일본은 대규모 상업 포경을 주도했다. 하지만 이 거대한 바다의 포유류가 멸종당할지 모른다는 걱정이 커졌고, 1986년 국제포경위원회IWC, International Whaling Commission는 고래 사냥 모라토리엄(중단)을 선언했다. 그러나 그 뒤에도 일본은 '과학 연구 목적'이라며 고래잡이를 계속해 동물 보호 단체들의 타깃이 돼 왔다. 시 셰퍼드도 일본 포경선들과 바다에서 맞짱 뜨는 것으로 명성을 얻었다.

2014년에 국제사법재판소ICJ, International Court of Justice는 호주의 고래 보호 해역을 비롯해 몇몇 바다에서 벌어지는 일본의 고래잡이 프로그램은 연구 목적이 아니라고 판결했다. 하지만 아베 신조安倍晋三 정부는 '일본의 전통을 무시하는 것'이라는 쪽으로 자국 여론을 몰아갔고, 1년 뒤인 2015년에 포경 프로그램 재개를 허용했다. 2017년 1월에 호주 해양 경찰 헬기가 밍크고래를 잡는 일본 어선을 찍어 공개하면서 양국 간에 마찰이 일기도 했다.

일본은 원양포경뿐 아니라 고래 몰이사냥도 한다. 와카야마현 타이지에서 벌어지는 사냥은 페로제도와 함께 세계 최대 규모의 고래 몰이사냥으로 알려져 있으며, 2009년에는 그 잔혹성을 고발하는 다큐멘터리《더 코브The Cove》도 나왔다.

페루에는 자국법상 불법임에도 돌고래 몰이사냥이 남아 있으며, 타이완의 펑후섬에서도 1990년까지 병목돌고래 몰이사냥을 했다. 지금은 불법이다. 미국에서도 고래 몰이사냥은 불법이지만 아메리카 원주민 부족 일부에게는 전통적인 사냥 방식이라는 점을 들어 허용해주고 있다.

유럽의 마이너리티들

카탈루냐 사람들은 스페인에서 독립하고 싶어 한다. 영국 땅이지만 아일랜드섬에 붙어 있는 북아일랜드 주민들은 브렉시트에 불안해

한다. 스페인 북부의 바스크는 오랫동안 분리 독립을 위해 싸웠지만 지금은 폭력 투쟁을 포기하고 자치를 하고 있다.

페로제도의 고래 사냥은 세계가 잘 몰랐던 유럽의 이면을 보여줬다. 하나의 유럽으로 통합을 지향해왔지만, 세계의 다른 지역과 마찬가지로 유럽에도 아직까지 고유 문화와 언어를 지키고 싶어하는 소수집단이 남아 있다.

대표적인 소수집단으로는 사미Sámi, Saami족이 있다. 핀란드, 스웨덴, 러시아가 국경을 맞댄 라플란드는 사미족의 땅이며, 10만 명 정도가 노르웨이, 스웨덴, 핀란드, 러시아에 흩어져 산다. 노르웨이 사미족의

흔히 라플란드라 부르는 북극권 지역의 토착민 사미족.

225

기원은 1만 1,000년 전으로 거슬러 올라간다. 한때는 스칸디나비아 반도 전체가 이들의 활동 무대였으나 지금은 소수민족으로 쪼그라들었다. 평등과 인권의 나라라는 스칸디나비아 국가들에서도 사미족에 대한 차별은 사라지지 않았다.

사미족은 순록이 끄는 썰매를 타고 다닌다. 빨간 옷을 입은 현대의 '산타클로스' 이미지는 코카콜라 광고에서 시작됐지만, 순록이 끄는 썰매는 사미족에게서 나온 것으로 추정된다. 라플란드는 산타클로스 관광지로 유명한데 사미족은 기후변화 때문에 '기후 난민'이 될 위기를 맞고 있다.

비틀스The Beatles 멤버로 영국 왕실의 기사 작위까지 받은 폴 매카트니Paul McCartney의 조상은 맹크스Manx인이다. 영국령의 작은 섬 맨섬 Ellan Vannin, Isle of Man에서 기원한 맹크스는 독자적인 언어와 문화를 가지고 있었다. 그러나 1974년 맹크스어를 모어母語로 쓰던 마지막 사람이 세상을 떠났고, 지금은 게일Gaeil어와 혼합된 방언만 일부 남아 있다. 맹크스의 후손은 현재 4만 명 정도 남아 있다. 맨섬의 맹크스 의회인 '틴바알Tynwald, Tinvaal'은 역사가 1,000년이 넘으며, '세계에서 가장 오래된 의회'임을 자랑한다. 하지만 요즘의 맨섬은 조세 회피처로 더 유명하다.

영국과 프랑스 사이의 채널제도에도 고유 언어를 가진 이들이 살았으나 지금은 거의 다 영어 사용자로 바뀌었다. 맨섬과 마찬가지로, 채널제도의 주요 섬인 건지섬과 저지섬 모두 조세 회피처로 전락했다.

사멸한 리보니아어

소르브인Sorb, Serby은 폴란드와 국경을 맞댄 독일 동부에 산다. 서슬라브계 소수민족으로 '세르비아Serbia'와 어원이 같다. 유전적으로는 체코, 폴란드계와 가깝고, 종교로 보면 로마가톨릭과 루터파로 나뉜다. 인구는 6만~8만 명 정도다. 손재주 좋은 소르브인들은 정교하게 세공된 부활절 달걀로 유명하다. 오리 깃털을 이용해 색색의 염료로 화려한 전통 문양을 그린 달걀이 이들의 대표 상품이다. 독일 정부는 소르브인들을 소수 언어 집단으로 인정하고 있지만 20세기를 거치면서 독일어권에 흡수됐다.

스페인은 자치 지역도 많고 언어도 많다. 프랑스와 인접한 북부 아란 계곡Val d'Aran에는 방언인 아란어Aranés를 쓰는 이들이 산다. 바스크와 나바라Navarra, Nafarroa 북부에는 바스크족이 산다. 카탈루냐에서는 카탈루냐어가 스페인어와 함께 공식 언어로 쓰이고, 동쪽 지중해의 발레아레스제도Illes Balears, Islas Baleares에서는 발레아레스어를 쓴다. 발렌시아에서는 카탈루냐어 방언인 발렌시아어가, 갈리시아에서는 갈리시아어가 공용어다. 북부 아스투리아스 광역 자치주에는 아스투리아스 공국이라는 작은 자치국이 있다. 이곳에선 아스투리아어를 쓰지만 관광 산업을 매개로 점점 더 통합되면서 이 말을 쓰는 사람들 역시 줄어들고 있다.

산속에서 고유한 정체성을 유지해온 이들도 있다. 이탈리아 북부 산악 지대의 돌로미티 계곡에 사는 라딘Ladin족이다. 이탈리아와 독일의 영향력 속에서도 이들은 살아남았다. 구석기 시대부터 이 지역에

227

이탈리아 북부 돌로미티 계곡에는 라딘족이라 불리는 소수민족이 살고 있다.

살았다는 라디니들은 지금은 알프스의 비경을 보러 온 관광객들에게 수공예품을 팔면서 살고 있다.

　옛 소련에서 갈라져나온 라트비아에는 리브Liv 혹은 리보니아인 Livonia, līvlizt이라 불리는 사람들이 있다. 아니, 있었다. 인도-유럽어족 계열이 아니라 핀란드어와 유사한 알타이계 언어를 썼고, 지금의 라트비아와 에스토니아 북부에서 물고기를 잡아먹고 살았다. 하지만 19세기 말부터 유럽의 영토 쟁탈전 속에 언어와 문화를 빼앗기기 시작했고 20세기 들어 소련은 이들의 전통 항해 방식과 그물 낚시를 금지해버렸다. 모어로 리보니아어를 쓴 마지막 인물 그리젤다 크리스티나Grizelda Kristina가 2013년 사망하면서 이 언어는 '멸종'했다.

22 올림픽 선수들의 망명

#망명　#IOC국제올림픽위원회　#벨라루스독재　#인종차별
#검은장갑　#도쿄올림픽

2021년 도쿄 올림픽에 출전한 선수가 망명을 했다. 동유럽 벨라루스의 육상 선수 크리스티나 치마누스카야Krystsina Tsimanouskaya가 그해 8월 도쿄에서 열린 하계 올림픽에 참가했다가 갑자기 망명을 해버린 것이다. 치마누스카야는 도쿄 외곽 나리타 공항에서 항공기에 몸을 실은 뒤 오스트리아 빈을 거쳐 폴란드로 떠났다.[1]

　코로나19 때문에 한 해 미뤄 어렵사리 치른 올림픽이었다. 말도 많고 탈도 많은 도쿄 올림픽이었지만, 대회 기간 며칠 사이에 벌어진 치마누스카야의 망명 과정을 보면 '영화 같다'는 표현이 떠오를 수밖에 없었다. 한 나라를 대표해 참가한 스물네 살 여성 선수가 급히 망명길에 오른 과정에서 억압적인 국가 보안 기구에 납치당할 뻔했기 때문이다.

벨라루스 육상 선수가 도쿄를 떠난 이유

치마누스카야는 육상 단거리 선수로 100미터와 200미터 경주에 출전했다. 그런데 예정에 없이 1,600미터 계주에 출전하라는 지시를 받고 자국 육상 코치팀을 비판하는 글을 소셜 미디어에 올렸다. 이것이 벨라루스 국영방송 보도로 문제가 됐다. 벨라루스 올림픽위원회는 "치마누스카야의 심리 상태에 문제가 있어 올림픽 출전을 철회하기로 했다"며 그를 귀국시킬 것이라고 발표했다.

당시 언론들은, 그 직후 갑자기 코치들이 도쿄 올림픽 선수촌 치마누스카야의 방에 들이닥쳐 공항으로 끌고 가서는 비행기에 타라고 강요했다고 전했다.

치마누스카야는 황급히 일본 경찰에 도움을 요청해 코치진의 손에서 빠져나왔다. 그 후 하루 동안 호텔에 머문 뒤 도쿄의 폴란드 대사관으로 갔다. 말 그대로 '끌려갈' 상황이어서 경찰이 호위를 했고 폴란드 대사관 앞에서도 경찰이 경비를 섰다. 폴란드 정부는 인도주의 비자를 발급하면서 망명 허가를 내줬다. 올림픽 출전 종목이 느닷없이 바뀐 것을 비판했다는 이유로 선수가 망명까지 해야 했던 것이다.

이 사건으로 벨라루스의 반정부 시위와 인권 탄압 문제가 다시 불거졌다. 인구 935만 명의 벨라루스는 러시아, 우크라이나, 라트비아, 리투아니아, 폴란드에 에워싸인 동유럽의 내륙 국가다. 1990년 소련에서 갈라져 나와 독립한 뒤 혼란기를 거쳐 1994년 알렉산드르 루카셴코Alexander Lukashenko 대통령이 취임했다. 이후 그는 27년 동안 장기 집권하고 있다. 5년마다 대선을 치르지만 겉보기만 선거일 뿐, 루카

2020년 8월 벨라루스의 그로드노에서 시민들이 장기 집권 독재자 알렉산드르 루카셴코 대통령에 항의하며 민주주의를 요구하는 시위를 벌였다.

센코에 반대하는 야권과 체제 비판 인사들을 심하게 탄압해 '유럽의 마지막 독재자'로 불린다. 그래서 미국과 EU는 이 나라의 선거 결과를 인정하지 않는다.

대규모 시위가 시작된 계기는 2020년 8월 대선이었다. 야당 후보인 스베틀라나 치하놉스카야Svetlana Tikhanovskaya가 루카셴코에 도전했다. 루카셴코 측은 80퍼센트 이상 득표했다고 발표했지만, 야당 지지자들과 서방의 선거 감시단은 이를 인정하지 않았다. 야권은 자체 집계 결과 루카셴코가 30퍼센트, 치하놉스카야가 57퍼센트를 득표했다고 주장했다. 민주주의를 요구하는 시민들의 시위와 총파업이 몇 달간 이어졌다.

시위에 참가하거나 반정부 인사로 찍히면 구금과 고문의 위협에 시달린다. 루카셴코 정부의 반체제 인사 탄압과 구금, 고문은 오래된 이야기다. 실종자도 많다. 대선 후보 치하놉스카야도 사업가이자 유명 유튜버였던 남편이 루카셴코에 도전했다가 체포되자 남편을 대신해 대선에 나선 것이었다. 정권의 탄압이 계속되면서 치하놉스카야 역시 대선 뒤 리투아니아로 피신해야만 했다.

상황은 심각하다. 2020년 8월 시위 이래로 유죄 판결을 받은 사람이 2,500명이 넘는다. 수백 명이 구금됐고 구치소에선 고문이 벌어지고 있다. 2021년 5월 말 야권 인사가 감옥에서 의문사했으며 6월에는 고문을 당했다고 호소하던 반정부 활동가가 못 견디고 자해를 했다. 올림픽이 한창이던 8월, 치마누스카야가 망명길에 오를 무렵에도 우크라이나에서 활동하던 벨라루스 인권 운동가가 시신으로 발견됐다.

자유가 없는 곳으로 돌아가지 않겠다

망명한 치마누스카야는 언론 인터뷰에서 "나는 정치에 대해 말한 적이 없고 올림픽에서 코치들이 실수를 했다고 했을 뿐이다. 이게 정치적 스캔들이 될 줄은 몰랐다"고 말했다. 그러나 억압은 분야를 가리지 않는다. 루카셴코 정권의 탄압은 이미 그전부터 스포츠 선수를 겨냥하고 있었다. 올림픽 메달리스트를 포함한 1,000명 이상의 선수들이 고문을 금지하고 대선을 다시 치르라고 요구하는 공개 서한을 발표한 것이다. 그 뒤 선수 95명이 구금됐고 일곱 명이 기소됐다. 벨라루스 올림픽위원회 위원장이 다름 아닌 루카셴코의 아들이다.

올림픽위원회를 비롯한 스포츠 단체들이 정권의 홍보 수단이 되고, 선수들이 정권 선전을 위해 메달 압박을 받는 일은 벨라루스뿐 아니라 다른 나라에도 많았다. 올림픽에 참가 중이던 선수나 코치가 망명한 일도 여러 번 있었다. 올림픽이 열릴 때마다 거의 매번 망명 신청이 잇따른다. 공식 망명은 아니더라도 귀국을 거부하거나, 말없이 선수촌에서 사라져버린 선수들도 적지 않다.[2]

1948년 런던 올림픽 당시 체코슬로바키아 여자 체조팀 감독이던 마리 프로바즈니코바Marie Provaznikova가 처음이자 가장 유명한 올림픽 망명 사례다. 그는 당시 국제체조연맹 위원장으로 유명 인사였는데 "자유가 없는 곳으로 돌아가지 않겠다"며 귀국을 거부하고 영국에 머물다 나중에 미국으로 망명했다.[3]

그 후 1950~1970년대 내내 동유럽 공산권 국가의 올림픽 참가자들이 연이어 망명했다. 1956년에는 멜버른 올림픽이 열리는 가운데 헝가리에서 민주주의를 요구하던 시민들이 소련군에 진압당하는 일이 벌어졌다. 이 사건이 알려진 뒤 올림픽에 참가한 소련과 헝가리 선수들 사이에 충돌이 일어났다. 이후 헝가리 선수단 83명 중 38명만 귀국했고, 나머지는 미국 등지로 망명했다. 1976년 몬트리올 올림픽 때는 루마니아 선수 네 명과 소련 선수 한 명이 다른 나라로 향했다. 1972년 뮌헨 올림픽 때는 117명이 망명을 신청했으나 이들 개개인에 대해서는 알려진 게 거의 없다.

1979년 소련이 아프가니스탄을 침공했다. 이듬해 열린 모스크바 올림픽은 미국 등 서방 진영의 보이콧 속에 반쪽짜리 대회가 되고 말았다. 이 올림픽을 앞두고 아프간 선수들이 줄줄이 나라를 떠났다. 모스크바 대회에 참가했다가 자칫 골치 아픈 사건에 휘말리거나, 소련 측 선전 도구가 될지도 모르는 상황이었기 때문이다. 대회에 참가한 이들 중에서도 다섯 명은 중도에 서독과 미국 등으로 망명했다.

냉전이 끝난 뒤에도 독재 국가에서 인권 탄압을 피하려는 선수들의 망명 신청이 계속됐다. 『뉴욕타임스』 보도를 보면 2012년 런던 올림픽 때 영국에 망명 신청한 참가자가 82명이었는데, 그중 열두 명은 동아프리카 에리트레아 선수들이었다. 그밖에 카메룬, 수단 등 아프리카 선수들이 잇달아 망명할 뜻을 밝혔다.

대표단 중에서도 대표 격인 선수단 기수들이 망명한 경우도 있다. 1996년 애틀랜타 올림픽 때 이라크 선수단의 깃발을 든 역도 선수 라에드 아메드Raed Ahmed가 사담 후세인 독재 정권을 비판한 뒤 미국으로 망명했다. 당시 아프간 대표팀 기수였던 권투 선수 모하마드 자위드 아만Mohammad Jawid Aman도 캐나다로 떠났다.

올림픽은 정치적 항의의 무대가 되기도 한다. 국제올림픽위원회 IOC는 참가자들의 정치적 표현을 금지하지만, 올림픽은 세계의 시선이 집중되는 큰 행사다 보니 정치적 항의나 연대의 메시지를 전하는 퍼포먼스가 종종 등장한다. 인종차별에 반대하고 흑인 민권운동에 연대를 표시한 미국 흑인 선수들의 검은 장갑 퍼포먼스, 일명 '블랙 파워 살루트Black Power Salute'가 가장 유명하다. 1968년 멕시코시티 올림픽에서 미국의 흑인 육상 선수 토미 스미스Tommie Smith와 존 카를로스John Carlos가 200미터 달리기를 끝낸 뒤 시상대에서 검은 장갑을 끼고 주먹을 들어올린 사건이다.

미국 흑인들의 민권운동이 한창이
던 1968년 멕시코시티 올림픽에
서 미국 육상 선수 토미 스미스와
존 카를로스가 검은 장갑을 낀 손
을 들어올리며 연대를 표했다.

올림픽, 정치를 허하라

120여 년에 이르는 근대 올림픽의 역사만큼이나 정치적 퍼포먼스
의 역사도 오래됐다. 1906년은 원래 올림픽이 열리는 해가 아니지만
'중간 올림픽Intercalated Games'이라는 이름으로 그리스 아테네에서 일부
종목 대회가 개최됐다. 멀리뛰기에서 은메달을 딴 아일랜드 육상 선
수 피터 오코너Peter O'Connor는 그 무렵 아일랜드가 영국 점령하에 있
었기 때문에 영국 깃발 아래에서 메달을 목에 걸어야 하는 처지였다.
오코너는 이를 거부하며 아일랜드 깃발을 두르고 깃대에 올라, 독립
에 대한 열망을 세계에 알렸다.[4]

훨씬 조용한 시위도 있었다. 1968년 체코 체조 선수 베라 차슬라우스카Věra Čáslavská가 소련 선수와 금메달을 공동 수상했는데, 당시 체코를 침공한 소련에 항의하는 표시로 그는 소련 깃발이 올라갈 때 고개를 숙여버렸다.

도쿄 올림픽에서도 미국 선수의 'X자 퍼포먼스'가 화제가 됐다. 미국 포환던지기 선수 레이븐 손더스Raven Saunders가 은메달을 딴 뒤 시상대에서 팔을 들어 X자 모양을 그린 것이다.[5] 탄압받는 이들을 위한 연대의 표시로, 마침 금메달을 딴 선수가 소수민족과 홍콩 탄압 등으로 세계의 비난을 받아온 중국 선수였던 까닭에 여러 가지 해석이 난무했다. 선수들이 정치, 종교, 인종과 관련해 선동을 해서는 안 된다며 IOC가 손더스를 조사하겠다고 했으나 미국 올림픽위원회는 이 선수의 동작이 "증오 표현이 아니라고 본다"며 조사를 거부했다.

미국 선수들의 검은 장갑 시위도 있었듯이, 1960년대부터 아프리카 국가들이 남아프리카공화국 백인 정권의 아파르트헤이트(인종 분리)에 반대하며 올림픽을 보이콧하는 등 '세계의 축제'를 둘러싼 정치적 소용돌이는 거셌다. 그런 분위기 속에 IOC는 1975년 올림픽 헌장 50조에 상업적 표현이나 정치적 프로파간다(선동)를 금지한다고 명시했다.

그러나 이를 거부하는 선수들은 계속 나타난다. 정치적 항의라고 볼 수는 없지만, 도쿄 올림픽에서 독일 여자 기계체조 선수들은 노출을 줄인 긴바지 유니폼 '유니타드unitard'를 입어 눈길을 모았다.[6] 축구 선수들은 인종차별에 맞서는 의미에서 경기 시작 전에 잔디밭에 무릎을 꿇는 세리머니를 했다. 올림픽 선수들 역시 이 시대를 살아가는

2021년 도쿄 하계 올림픽에서 폴린 섀퍼 등 독일 여자 기계체조 선수들은 몸이 덜 드러나는 긴바지 '유니타드'를 입었다.

사람들이며, 그 시대가 요구하는 가치관을 반영하는 사람들인 것이다.

토마스 바흐Thomas Bach IOC 위원장은 스포츠의 중립성을 강조하면서 정치적 메시지를 결부시켜서는 안 된다고 여러 번 강조했다.[7] 하지만 IOC의 이런 방침에 반론도 많다. 증오 감정을 표출하고 갈등을 부추겨서는 안 되지만, 인권과 환경 등 시대적인 이슈에 공감하고 메시지를 표하는 모든 행위를 금지하는 것이 과연 옳으냐 하는 것이다.

도쿄 올림픽이 개막하던 날, 스포츠 선수 150여 명과 학자, 인권 운동가 들은 IOC와 국제패럴림픽위원회 IPC에 공동 서한을 보냈다. 이들은 IOC와 IPC가 인권, 인종·사회적 정의, 사회적 포용 등에 대해 더욱 강력한 의지를 드러내야 한다며 올림픽 헌장 50조를 개정하라고 요구했다.[8] IOC가 이런 시대적 흐름을 받아들일지 지켜볼 일이다.

23 말라리아 백신은 왜 만들기 어려울까

#열대질병 #WHO세계보건기구 #코로나백신 #유엔
#아프리카 #학질 #DDT #전염병예방 #클린턴재단

2021년 10월, 세계보건기구WHO, World Health Organization가 RTS, S/AS01이라는 말라리아 백신 사용을 공식 승인했다. 영국 제약회사 글락소스미스클라인GSK, GlaxoSmithKline이 개발한 이 백신의 효과는 사실 6년 전에 입증된 터였다. 연구진은 아프리카 서부에 있는 가나, 동부의 케냐, 남부의 말라위에서 2019년부터 어린이 80여만 명에게 시범 접종을 했다. 이 백신은 특히 말라리아 질병을 일으키는 원충 가운데 감염자의 치명률(사망률)이 높은 열대열 원충Plasmodium falciparum을 막는 백신이어서,

말라리아는 해마다 40만 명가량의 목숨을 앗아가는 질병이지만 백신이 개발돼 효과를 인정받은 것은 2021년에 이르러서였다.

WHO는 사망자를 크게 줄일 수 있다고 발표했다.

대표적인 열대성 질병 말라리아. 그런데 말라리아 백신이 WHO의 승인을 받은 것은 사상 처음이었다. 테워드로스 거브러여수스Tedros Ghebreyesus 사무총장은 "역사적인 순간"이라고 표현했다. "오랫동안 기다려온 아이들을 위해 백신이 개발된 것은 과학과 아동 보건, 말라리아 통제에 돌파구가 생긴 것"이라는 말도 덧붙였다.

백신, 아프리카 어린이들을 살려낼까

이 백신을 접종하면 감염자를 40퍼센트 정도 줄일 수 있다. 숫자로만 보면 예방률은 낮다. 하지만 사망자를 크게 줄일 수 있다. 사하라 이남 아프리카에서는 말라리아가 아동 사망의 주원인이다. 연간 5세 이하 어린이 26만 명이 말라리아로 목숨을 잃는다. 백신을 접종하면 사망자를 적어도 30퍼센트는 줄일 수 있을 것으로 나타났다.

방역 측면에서는 또 다른 의미도 있다. 말라리아에 감염되는 걸 막기 위해 아프리카 저개발국들에서 가장 많이 사용하는 방법이 '살충제 처리 모기장'이다. 그런데 그 혜택조차 받지 못하는 아이들이 적지 않다. WHO 판단으로는, 백신이 보급되면 사하라 이남 아프리카 어린이 90퍼센트가 모기장이든 백신이든 둘 중 한 가지 예방책을 얻을 것이라고 한다. 의미가 크다고 하지 않을 수 없다.

이 백신 개발은 세계가 힘을 모아 만들어낸 성과였다. 코로나19 백신 공급 기구로 잘 알려진 세계백신면역연합GAVI, The Vaccine Alliance, 유엔의 제안으로 2001년 만들어진 에이즈·결핵 및 말라리아 퇴치를 위한 세계기금(글로벌펀드)The Global Fund to Fight AIDS, Tuberculosis and Malaria, 국제의약품구매기구Unitaid가 이 말라리아 백신 개발과 시범 접종 자금을 지원했다. 국제의약품구매기구는 저개발국에 백신과 약품을 지원하는데 프랑스, 브라질, 칠레, 노르웨이, 영국 같은 나라들이 돈을 내 2006년부터 활동하고 있다. 뒤에 스페인과 한국도 기여국이 됐다. 이밖에 미국의 보건 관련 비정부기구 PATH, 유니세프, 제약사 GSK, 빌 앤드 멜린다 게이츠 재단Bill&Melinda Gates Foundation 등도 말라리아 백신에 자금을 지원했다.

코로나19 백신은 각국이 알아서 승인하면 되지만, 유니세프UNICEF (유엔아동기금)가 여러 나라에 동시에 백신을 공급하려면 WHO의 사전 허가가 필요하다. WHO와 계약한 시설에서, WHO가 정한 '우수 의약품 제조 및 품질 관리 기준GMP, Good Manufacturing Practices'에 맞춰 생산해야 한다. 접종이 시작되면 WHO가 현지 보건 당국과 함께 생산과 접종 과정을 모니터링한다. WHO는 우선 사하라 이남 아프리카를 비롯해 말라리아 피해가 큰 지역 어린이들에게 접종을 시작할 것을 권고했다. 이제 이 백신이 원활히 공급되도록 돈을 모으고, 각국 정부들이 접종 프로그램을 실시하게끔 움직이는 일이 남았다.

해마다 수십만 명이 죽는다

WHO의 2020년 말라리아 보고서를 보면 2019년 감염자는 2억

2,900만 명, 사망자는 40만 9,000명에 이른다. 이 사망자 거의 대부분이 열대열 원충에 감염돼 목숨을 잃었다. 그 가운데 3분의 2가 아프리카 아이들이다. 사하라 이남 아프리카에서는 임신한 여성이 말라리아에 걸리는 바람에 숨지는 아기가 한 해에 20만 명 정도 되는 것으로 추정된다.

서유럽에서도 해마다 1만 명은 말라리아에 걸리고, 미국에서도 1,300~1,500명씩 감염자가 나온다. 주로 말라리아 발생국을 방문한 뒤 걸린 사람들이다. 한국에도 휴전선 일대에 토착형 말라리아가 있다. 아프리카와 다른 점은, 보건·위생 인프라가 잘 갖춰져 감염자가 매우 적고 사망자도 거의 없다는 것이다. WHO와 유니세프를 비롯한 국제기구들의 노력 덕에 감염자는 계속 줄어드는 추세다. 하지만 지역 편차가 여전히 크다. 사망자의 85~90퍼센트가 사하라 이남 아프리카에서 나온다. 그 외에 말라리아 감염이 많은 나라는 아시아와 중남미 열대 국가들이다. 아시아에서는 인도와 인도네시아, 캄보디아, 파키스탄, 아프가니스탄에 감염자가 많다.

기후변화도 말라리아 확산에 영향을 준다. 말라리아는 모기로 전파되는데, 기온이 올라가면 모기가 늘어난다. 예를 들어 어떤 지역의 기온이 2~3도 올라가면 예전엔 없던 말라리아 매개 모기가 생겨날 수 있다. 그런 지역에서는 주민들의 면역력이 낮다면 피해가 커질 수밖에 없다. 연구 모델에 따르면 기후변화로 2100년까지 말라리아 위험이 5~15퍼센트 증가할 것이라고 한다. 아프리카의 말라리아 위험 지도를 만드는 MARA 프로젝트Mapping Malaria Risk in Africa를 비롯해 여러 연구에 따르면 아프리카의 위험은 특히 더 높아질 것으로 보인다.

세계에서 말라리아 모기에 노출되는 인구가 2억~3억 명이나 늘어난다는 뜻이다.

한국에서는 흔히 학질이라 부르던 말라리아. 이 이름은 이탈리아어로 '나쁜 공기'를 뜻하는 '말라 아리아mala aria'에서 왔다고 한다. 에이즈나 에볼라는 발견된 지 반세기 정도밖에 안 됐다. 하지만 말라리아는 아주 오래된 질병이다. 말라리아 원충이 모기에 기생한 증거는 무려 3,000만 년 전으로 거슬러 올라간다. 학자들은 말라리아 원충 가운데 치명률이 높은 열대열 원충이 5만 년에서 10만 년 전부터 존재해온 것으로 추정한다. '로마열Roman Fever'이라는 말도 있다. 이탈리아 남부 습지를 중심으로 말라리아가 창궐해 로마 제국 전역으로 퍼지면서 제국의 쇠퇴에 영향을 줬다는 가설을 내세우는 학자들도 있다.

히포크라테스도 연구한 말라리아

이 질병에 대해 인류가 연구해온 역사도 그만큼 길다. 이미 고대 그리스의 히포크라테스가 삼일열, 사일열 등으로 분류했다. 원충을 확인한 것은 1880년 알제리에서 근무한 프랑스 군의관 샤를 루이 알퐁스 라브랑Charles Louis Alphonse Laveran으로, 라브랑은 공로를 인정받아 1907년 노벨 생리의학상을 받았다. 그후 쿠바 의사 카를로스 핀레이Carlos Finlay가 모기로 병원충이 전달된다는 사실을 보여주는 연구를 했다.

1897년 스코틀랜드 의사 로널드 로스Ronald Ross는 모기가 인간의 말라리아 매개체라는 것을 증명해 라브랑보다도 먼저 1902년 노벨상을 받았다. 1970년대에 중국 의학자 투유유屠呦呦는 개똥쑥Artemisia annua 성분에서 아르테미시닌artemisinin이라는 치료제를 추출해 2015년 노벨상을 수상했다. 말라리아 연구에 노벨상을 그렇게 많이 주었다는 것은, 그만큼 세계가 이 병을 중요하게 여겨왔다는 뜻이기도 하다.

이런 연구와는 결이 다른 사례도 있다. 1927년 노벨 생리의학상을 받은 오스트리아 의사 율리우스 바그너-야우레크Julius Wagner-Jauregg는 말라리아 원충을 일부러 사람에게 주입해 매독 같은 질병을 치료했는데, 환자 15퍼센트가 매독이 아닌 말라리아 때문에 숨졌다고 한다. 이 치료법은 1940년대부터 사라졌다.

이렇게 오래 연구를 해왔는데 왜 지금껏 말라리아 백신을 만들어내지 못했던 걸까?

말라리아 원충은 열대열 원충을 비롯해 삼일열 원충Plasmodium vivax, 사일열 원충Plasmodium malariae, 난형열 원충Plasmodium ovale 등 100종이 넘는다. 이번에 개발된 백신은 그중 열대열 원충 하나를 타깃으로 삼은 것이다.

인간의 사촌인 침팬지도 말라리아에 감염된다. 열대열 원충은 아마도 고릴라에게서 일어난 변이로 추정된다. 말라리아 원충은 인간이 농사를 짓고 거주 집단의 규모가 커진 1만 년 전부터 많이 퍼져 인간과 함께 진화해왔다. 인간 숙주 사이를 계속 돌아다니기 위해 생애 주기를 복잡하게 발전시켰으며, 심지어 인체에 들어온 뒤에도 감염 기관에 맞춰 형태를 변형한다고 한다. BBC의 설명을 빌면 "코로

에티오피아의 한 가정에서 유엔과 국제 보건 기구들이 보급한 살충제 처리 모기장을 펼쳐 보이고 있다.

나 바이러스보다 훨씬 교활한 녀석"이다.

백신이 없으니 모기에 물리지 않는 게 가장 좋은 예방법이다. '매개체 통제Vector control'라고 일컫는 방역 방법이다. 모기 퇴치제를 바를 수도 있고, 모기들을 죽일 수도 있다. 모기 서식지인 늪지대나 웅덩이에 살충제를 뿌리기도 하고, 사람이 거주하는 실내에 뿌리기도 한다. 그 유명한 DDT도 말라리아를 막기 위해 쓰던 것인데, 병원균의 내성이 커지고 환경 피해가 커 지금은 야외에서만 제한적으로 쓰인다.

유엔과 국제 보건 기구들은 2000년대에 들어와 살충제 처리를 한 모기장을 적극적으로 보급해왔다. 실내의 위생 수준을 높이는 것도 근본적이고 장기적인 대책 중 하나다. 시궁창이나 물 고이는 곳이 없도록 집을 개량하는 것이다.

미국에서는 말라리아 면역력을 높이기 위해 방사선 요법도 시도했다. 1967년에 쥐 실험으로 X선에 노출되면 말라리아 원충 중 하나에 대한 면역력이 생긴다는 사실이 알려졌다. 1989년부터 1999년까지 미국 공중보건국과 미군이 자원자 열한 명에게 감마선을 쏘는 임상 시험을 해보니 치명적인 열대열 원충에도 면역력이 생기는 것으로 나타났다. 하지만 이런 위험한 방법을 '접종'이라 할 수는 없다.

열강의 아프리카 점령을 도운 퀴닌

말라리아 치료제는 많다. 유럽이 아프리카 곳곳을 점령해 식민지를 만들 때 말라리아 때문에 애를 먹었는데, 남미 페루의 안데스산맥에 자생하는 식물에서 치료제 퀴닌quinine을 찾아낸 19세기 이후에야 비로소 아프리카 내륙까지 들어갈 수 있었다는 분석도 있다.

그러나 '키니네'라고도 불린 퀴닌은 독성이 심했다. 1940년대에 클로로퀸chloroquine이라는 새 치료제가 나왔다. 2020년 도널드 트럼프 미국 대통령이 코로나19를 평가 절하하면서 "말라리아 약으로도 치료할 수 있다"고 주장했는데, 그게 바로 클로로퀸과 뒤에 나온 하이드록시클로로퀸hydroxychloroquine이었다.

지금도 말라리아가 흔한 지역을 방문할 때는 보통 '예방약'이라 불리는 약을 먹는다. 그것도 사실은 치료제들이다. 강력한 해열진통제라고 보면 되지만 신체에 미치는 부담이 꽤 크다. 그런데 클로로퀸을 비롯해 일부 말라리아 치료제는 실제로 코로나19 치료에도 도움이 된다는 보고가 있어서, WHO가 그중 몇몇을 코로나19 치료용으로 승인했다. 미국 길리어드Gilead Sciences, Inc.사가 만든 렘데시비르Remdesivir 나 하이드록시클로로퀸 같은 것들이다. 2021년 8월에도 치료제 3종 (아르테수네이트artesunate, 이마티닙imatinib, 인플릭시맙infliximab)을 승인했는데, 말라리아 약이지만 코로나19 델타 변이 바이러스에 효과가 있을 수 있어 시험 사용을 허가한 것이다.

그런데 말라리아 치료제는 나온 지 오래되어 내성 문제가 꽤 심각하다. 캄보디아, 베트남, 태국 등 아시아 지역에서는 아르테미시닌계 치료제가 많이 쓰이는데 거의 모두 원충의 내성이 높아진 것으로 나타났다.

세계는 말라리아를 퇴치하려고 수십 년 동안 노력을 기울였다. 제약 기업 GSK만 해도 말라리아 백신 연구를 시작한 지 30년이 넘는다.

특히 2000년대에 들어 유엔은 본격적으로 말라리아, 에이즈, 결핵 같은 질병 퇴치에 나섰다. 유엔이 21세기 첫 15년간 내세웠던 밀레니엄 개발 목표MDGs, Millennium Development Goals 중 하나가 2030년까지 모든 국가에서 말라리아 전염병을 종식시키는 것이었다. 2007년에는 '세계 말라리아의 날(4월 25일)'도 만들었다. WHO는 말라리아 정책 자문위원회를 만들고 2013년에는 기부자 그룹을 구성한 뒤 백신 개발을 목표로 규정했다. 그러나 완전 퇴치 목표 시한은 좀 늦춰져서, 2015년에 '2030년까지 말라리아 사망률을 90퍼센트 감소시킨다'는 목표를 제시했다. 빌 게이츠는 2040년까지 전 세계에서 말라리아를 없앨 수 있을 것으로 예측했다.

글로벌 펀드는 살충제 모기장을 배포했고, 미국 클린턴 재단Clinton Foundation은 치료제 시장의 가격 변동 속에서도 치료제를 안정적으로 공급받을 수 있도록 지원했다. 지역별 말라리아 확산을 예측하는 '말라리아 아틀라스 프로젝트Malaria Atlas Project'도 생겨났고, 게이츠 재단은 백신 연구 자금을 댔다. 성과가 적지 않았다. 파라과이는 2018년 말라리아 종식 국가가 됐다. 모로코, 아르헨티나, 중국, 키르기스스탄, 스리랑카 등에서도 사실상 사라진 것으로 평가됐다.

하지만 가장 중요한 것은 백신이다. 이번 백신은 시작일 뿐이다. 현재 가장 유력한 다음번 승인 후보는 R21/Matrix-M이다. 이 백신은 영국 옥스퍼드대학교와 케냐의학연구센터Kenya Medical Research Institute, 서아프리카 국가인 부르키나파소의 보건과학연구소Institut de Recherche en Sciences de la Santé, 미국 백신 회사 노바백스Novavax, 인도 백신 회사 세럼 인스티튜트Serum Institute of India 등이 협력하는 다국적 프로젝트로, 초기 임상 시험에서 77퍼센트의 예방률을 보였다. 세계 최대 백신 제조사인 인도의 세럼은 WHO 승인만 받으면 바로 공급하려고 연간 2억 도스를 생산할 수 있도록 준비해놨다고 한다.

방치된 열대 질병들

감기 백신이 없는 것처럼, 기본적으로 말라리아는 병을 일으키는 원충이 워낙 다양해 백신을 개발하기 힘들었던 것이 사실이다. 하지만 그와 별도로, 말라리아 백신을 지금껏 만들지 못했던 원인은 결국 '빈국들의 질병'이기 때문이라는 비판이 많았다. 부자 나라들이 심각성을 못 느낀다는 점, 개발 시간이 오래 걸리는 데다 수익을 추구할 수 없어 투자 비용을 회수하기 어려운 점 등으로 인해 기업들이 외면했다는 것이다. 실제로 말라리아 관련 연구·개발 규모를 보면 공적 기금과 기부금이 많고, 기업들의 투자는 적었다가 요 몇 년 사이 좀 늘어난 수준이다.

코로나19 백신은 단시간에 경쟁적으로 개발됐다. 이를 보면서 '방치된 열대 질병'들에도 관심을 기울여야 한다는 지적이 다시 제기됐다. '소외 열대 질병NTDs, Neglected Tropical Diseases'은 보건·의료 기구들이 사용하는 말이다. 주로 아프리카 등 저개발국에 많이 퍼져 있고 피해가 심각하지만, 보건·의료 인프라가 부족하고 위생도 열악한 데다 치료제나 백신이 적절히 공급되지 않아 사라지지 않는 질병들을 의미한다.

2014년 세계를 갑자기 공포로 몰아넣었던 에볼라의 경우, 2019년에 미국 FDA는 머크가 만든 '에르베보Ervebo' 백신을 승인했고 곧바로 WHO도 이를 허가했다. 사스, 에볼라, 코로나19 등등을 겪으면서 국제사회는 전염병 대응 방법을 계속 배워나가고 있다. 의학 전문지 『랜싯The Lancet』은 코로나19 백신을 앞당겨 개발하고 승인하기 위한 조치들을 가리키며 "방치된 열대 전염병 백신을 만들어내는 데도 본보기가 됐으면"이라고 적었다.

24 우주로 간 억만장자들

#우주여행 #제프베이조스 #닐암스트롱 #리처드브랜슨 #일론머스크
#카르만선 #냉전시대 #소유스우주왕복선 #국제우주정거장 #NASA

세계 최고 부자인 아마존 창업자 제프 베이조스Jeff Bezos가 2021년 7월 20일 우주를 향해 날아올랐다. 베이조스가 세운 우주여행 회사 블루 오리진Blue Origin의 준궤도 로켓 '뉴 셰퍼드New Shepard'가 텍사스 사막에서 이륙한 것이다. 1969년 닐 암스트롱Neil Armstrong과 버즈 올드린Buzz Aldrin이 달에 발을 디딘 지 52년이 되는 날이었다.

상공 80킬로미터 지점에서 로켓과 분리된 캡슐은 고도 106킬로미터까지 상승했다. 베이조스를 비롯한 탑승객 네 명은 성층권에서 안전벨트를 풀고 약 3분 동안 무중력상태를 경험했다. 그 뒤에 캡슐은 낙하산을 이용해 다시 지상으로 내려왔고, 로켓도 서부 텍사스 사막에 안전하게 착륙했다. 비행 시간은 총 11분.[1] 그보다 며칠 앞서 또 다른 억만장자가 우주여행을 했다. 리처드 브랜슨Richard Branson이 7월 11일 미국 뉴멕시코주에서 버진 갤럭틱Virgin Galactic의 우주선 '유니티

영국 사업가 리처드 브랜슨이 2021년 7월 '유니티' 우주선 안에서 무중력 체험을 하는 모습.

VSS Unity'를 타고 지구에서 85킬로미터 떨어진 곳까지 올라갔다가 귀환한 것이다.

항공사 버진 애틀랜틱Virgin Atlantic의 창업자인 브랜슨은 모험가이자 자선가로 유명하다. 2004년 버진 갤럭틱을 만든 이래 민간 우주여행 시대를 열기 위해 앞장서왔다. 당시만 해도 2007년이면 민간 우주선이 사람을 태울 수 있을 것이라고 했는데, 낙관했던 것에 비하면 시간이 오래 걸렸다. 2014년에는 시험 비행 중 조종사가 사망하는 사고도 있었다.

결국 이날 비행에 성공함으로써 브랜슨은 '민간 우주선으로 지구를 벗어난 최초의 우주여행자'가 됐다. 그 영예를 노리던 대표적인 라이벌이 테슬라Tesla 창업자 일론 머스크Elon Musk와 베이조스 같은 이들이었다. 머스크는 비행을 앞둔 브랜슨을 응원하기 위해 직접 뉴멕시코까지 갔고, 베이조스도 브랜슨이 먼저 우주여행에 성공한 뒤 축하 인사를 전했다.

우주여행에 꿈을 건 사람들

버진 갤럭틱의 비행선은 80킬로미터 이상 올라갔고, 베이조스가 탄 뉴 셰퍼드는 고도 100킬로미터를 넘어갔다. 통상 지구 대기권의 높이를 지상에서 100킬로미터 정도로 보고, 이를 '카르만 선Karman Line'이라고 부른다.

브랜슨이든 베이조스든, 저들의 비행을 우주여행이라 부르는 것이 좀 과하게 들릴 수도 있다. 그저 높이 올라갔다가 아무 곳에도 들르지 않고 내려온 것뿐인데 말이다.

달이나 우주정거장에 간 우주인들을 제외하고 지상에서 높이 치솟는 것으로 치자면, 이미 1960년대에 미국 전투기들이 100킬로미터 이상 상승하는 데 성공했다. 노스 아메리칸North American X-15 초음속 비행기가 1963년 고도 107.8킬로미터까지 올라가는 기록을 세웠으니 말이다. 그러나 무엇을 타고 올라갔든 간에 미국 항공우주국에서는 우주의 경계를 고도 50마일, 약 80킬로미터로 보고 있고, 그 이상 올라가면 '우주비행사' 타이틀을 붙여준다.

1,200℃	외기권	800 ~ 3,000km
		위성
-86.5 ~ 1,200℃	열권	80 ~ 800km
오로라		
		카르만 선
-2.5 ~ -86.5℃	중간권	45 ~ 80km
유성		기상 관측 로켓
-56.5 ~ -2.5℃	성층권	11 ~ 45km
		라디오존데
15 ~ -56.5℃	대류권	0 ~ 18km
	열기구	여객기

지구 위 어디부터가 '우주'일까.

브랜슨 이전에 우주 비행을 한 것으로 기록된 사람은 세계를 통틀어 580명이 전부다. 대부분 각국 항공 우주 기관에 소속된 사람들이었고 민간인은 열 명뿐이었다. 그중 일곱 명은 러시아 소유스Soyuz 우주왕복선을 이용해 국제 우주정거장ISS, International Space Station을 찾아간 '관광객'이었다.

나머지는 100~112킬로미터 상공까지 올라갔다가 내려온 사람들로 모두 일반인 탑승객이 아닌 조종사들이었다. 예를 들어 2004년 6월 남아프리카공화국 출신의 마이클 멜빌Michael Melvill이 스케일드 컴포지트Scaled Composites가 제작한 스페이스십원SpaceShipOne을 타고 미국 모하비사막에서 100킬로미터 상공까지 올라가 첫 '민간 우주 파일럿'이 됐다. 같은 해 미국 해군 출신 조종사 브라이언 비니Brian Binnie가 역시 스페이스십원을 몰고 112킬로미터까지 올라가 X-15의 기록을 깼다.

말하자면 브랜슨은 첫 민간인 우주여행자가 아니라 민간 기업 우주선을 이용한 첫 번째 여행자다. 세계 최초의 민간인 우주여행자는 미국 갑부 데니스 티토Dennis Tito였다.

티토는 2001년 4월 소유스를 타고 막 출범한 ISS를 방문, 7일 22시간 4분 동안 우주에 머물며 지구를 128바퀴 돈 뒤 귀환했다. 항공우주공학 엔지니어였던 티토는 NASA의 제트추진연구소JPL, Jet Propulsion Laboratory에서 일하다가 1972년 투자회사를 창업해 큰돈을 벌었다. 우주를 방문하고 돌아온 티토는 "천국에 다녀온 기분이었다"는 소감을 남겼다.

우주여행과 냉전의 함수

인류는 이미 1960년대에 지구 밖으로 나갔다. 미국과 소련이 돈과 에너지를 쏟아부어가며 이뤄낸 성과였고, 냉전 경쟁이 낳은 개가였다. 하지만 우주 개발 경쟁이 아니라 민간인의 '여행'이 이뤄지기까지는 오랜 시간이 걸렸다. 아이러니하게도 민간 우주여행이 성사되는 데는 냉전 종식이 한몫을 했다.

우주여행을 어릴 적부터 꿈꿔온 티토가 그 꿈을 현실로 만들 수 있었던 것은 로널드 레이건 행정부 시절에 상무부에서 일한 제프리 맨버Jeffrey Manber를 만난 덕분이었다.[2] 맨버 역시 우주에 관심이 많아서, 상무부를 설득해 '우주상업과'를 만들 정도였다고 한다. 하지만 그의 진짜 능력은 러시아에 구축해둔 인맥에 있었다.

티토의 꿈과 맨버의 비즈니스가 소련 붕괴라는 시대 상황과 맞아떨어졌다. 소련이 무너진 뒤 출범한 러시아는 1990년대에 우주과학 분야 등 국가가 독점했던 여러 분야를 민영화했다. 소유스 우주선을 만들던 국영 항공우주개발회사도 NPO 에네르기아NPO Energia라는 민간 기업으로 바뀌었다. 상무부를 나와 상업 우주 개발 회사 미르코프 MirCorp를 경영하던 맨버는 러시아 고위층과의 오랜 친분을 이용해 미국과 러시아 등 7개국이 공동 제작한 국제 우주정거장의 상업적 이용권을 따냈으며, 소유스를 우주여행 사업에 이용할 수 있는 허가를 받았다. 그 첫 고객이 티토였다.

티토를 시작으로 남아프리카공화국 사업가 마크 셔틀워스Mark Shuttleworth(2002), 미국 사업가 그레고리 올슨Gregory Olsen(2005), 이란계 미국 기업가 아누셰 안사리Anousheh Ansari(2006), 헝가리계 미국 기업가 찰스 시모니Charles Simonyi(2007, 2009), 미국-영국 국적의 사업가 리처드 개리엇Richard Garriott(2008), 캐나다 사업가이자 '태양의 서커스' 창립자인 기 랄리베르테Guy Laliberté(2009) 등 일곱 명이 우주로 여행을 떠났다.

모두 억만장자 사업가들이다. 왜 갑부들만 갔냐고? 이유는 단순하다. 돈이 많이 들기 때문이다. 티토가 ISS 관광에 들인 돈이 2,000만 달러에 달한 것으로 알려졌으나 정확한 금액은 공개되지 않았다. 2008년 리처드 개리엇은 3,000만 달러를, 이듬해 랄리베르테는 3,500만 달러를 낸 것으로 추측한다.

찰스 시모니는 ISS를 두 번이나 방문했다. 마이크로소프트MS, Microsoft Corporation에서 일했던 시모니는 MS 워드, 액셀 같은 프로그램을 기획한 것으로 유명하다. ISS 첫 방문 때인 2007년 4월에는 '살림의 여왕'으로 유명한 여성 사업가 마사 스튜어트Martha Stewart와 사귀고 있었으며, 스튜어트가 모스크바 근교의 러시아 우주 관제 센터에까지 가서 시모니의 ISS 방문을 지켜보고 화상 대화를 나눠 더욱 화제를 모았다. 당시 시모니는 우주를 향해 첫발을 내딛은 소련 비행사 유리 가가린Yuri Gagarin을 기념하기 위해 유명 셰프가 만든 '우주의 만찬'을 준비해갔다. 가져간 음식들로 ISS에 머물던 러시아, 미국 우주인들과 저녁 식사를 했는데, 그 방문에 들인 돈이 2,500만 달러였으니 무려 250억 원짜리 만찬이었던 셈이다.

어쨌든 러시아 연방우주국 로스코스모스Roscosmos는 재정 때문에 일부 사업을 민영화하고 소유스로 돈 많은 서방 부자들을 우주정거장에 실어나르는 처지였다. 반면 NASA는 티토가 우주여행을 떠나려 할 때 반대하면서 미국 내 우주 센터에서 훈련을 하게 해달라는 요청도 거절했다고 한다. 그래서 티토는 러시아의 로스코스모스 시설에서 훈련을 받고 소유스를 타야 했다. 막상 세계 최초의 우주여행이 이뤄지고 나니 놀란 것은 미국 쪽이었던 모양이다. 미국 의회가 티토를 불러 청문회를 열고 우주여행에 관해 듣기까지 했으니 말이다.[3]

돈이 없어 우주선마저 없앤 NASA

갑부들에게 손을 벌리는 정도는 아니었어도, 2000년대에 들어온 이후 NASA의 형편 역시 아주 좋지는 않았다. 1960~1970년대의 기술적 성과들을 발판 삼아 1982년 컬럼비아Columbia호가 우주로 날아오르면서 우주왕복선 시대가 열렸다. 미국과 러시아의 우주왕복선들은 양국이 합작해 만든 첫 우주정거장 '미르Mir'와 그 후신인 ISS를 오가는 데 쓰였다. 하지만 1986년 챌린저Challenger호의 폭발, 그리고 2003년 컬럼비아호의 폭발이라는 큰 사고가 났으며, '비용에 비해 실익이 없다'는 비판이 늘 뒤따랐다.

21세기 들어 미국은 아프가니스탄 전쟁과 이라크 전쟁에 돈을 퍼붓느라 재정이 모자라자 NASA 예산을 줄였다. '테러와의 전쟁' 뒤치다꺼리에 여념이 없던 버락 오바마 행정부는 낙후된 우주왕복선들을 대체할 후속 프로그램들을 추진하지 않기로 결정해버렸다. 2010년 디스커버리Discovery, 엔데버Endeavour, 애틀랜티스Atlantis호가 모두 퇴역

함으로써 미국에는 더 이상 '스페이스 셔틀Space Shuttle'이 남지 않았고, 그 후로는 러시아 소유스만이 외롭게 우주정거장을 오갔다.

2011년부터 NASA는 예산 문제로 우주왕복선 등 하드웨어 개발을 민간으로 많이 넘겼다. 2003년에 중국이 띄운 '선저우神舟'를 빼면 최근의 우주왕복선들은 모두 민간 기업이 만든 것이다. 버진 갤럭틱의 '스페이스십투SpaceShipTwo'와 머스크가 창립한 스페이스X의 '크루 드래건Crew Dragon', 앞서 언급한 블루 오리진의 '뉴 셰퍼드'가 민간 우주왕복선의 선두 주자다. 2020년 11월에는 스페이스X의 팰컨Falcon 9 로켓에 실린 유인 우주선 '리질리언스Resilience'가 우주인 네 명을 ISS로 실어 날랐다. ISS 왕복 교통편이 외주로 바뀐 셈이다.

민간 우주여행에 들뜬 기대감도 2010년대에는 한풀 꺾였으나 버진 갤럭틱과 블루 오리진, 스페이스X 같은 회사들이 기술적으로 성과를 거두면서 다시 기대가 커지고 있다. 버진 갤럭틱은 이미 우주 관광 상품을 판매 중인데, 2022년 우주선 티켓의 판매 가격은 최고 25만 달러에 이른다. 회사 측에 따르면 브랜슨이 시험 비행에 성공하기도 전에 3억 원 가까운 돈을 내고 5분간 무중력상태를 경험하겠다며 이 상품을 예매한 사람이 이미 600명이었다. 러시아도 10년간 중단했던 소유스의 ISS 상업 비행을 재개할 준비를 하고 있는 것으로 알려졌다.

하지만 머스크나 베이조스 같은 야심 찬 기업가들이 꿈꾸는 것은 단순한 우주 관광사업이 아니다. 베이조스는 2000년 블루 오리진을 창업할 때부터 "우주로 가는 길을 열겠다"는 야심을 밝혀왔다. 블루 오리진의 비전 성명에는 "지구를 보존하기 위해 인류가 우주로 나아

가 새로운 에너지와 자원을 찾고, 산업을 우주로 옮겨야 한다고 믿는
다"는 내용이 적혀 있다.[4]

"화성에 식민지를" vs "지구부터 살려"

베이조스는 프린스턴대학교 물리학자 제러드 오닐Gerard O'Neill의
영향을 많이 받았다고 한다. 오닐은 1970년대에 "앞으로 한 세기 안
에 지구의 취약한 생물권에서 거의 모든 산업 활동이 사라질 수 있
다"며 우주 식민지를 대안으로 제시한 인물이다. 베이조스는 학생 시
절부터 오닐의 저서에 영향을 받았고, 2018년에는 미국우주학회에서
주는 제러드 오닐 기념상을 받기도 했다.

베이조스와 머스크는 지구의 자원과 환경에는 한계가 있으니 달을
중간 기지 삼아 화성 같은 곳에 식민지를 건설해야 한다고 주장한다.
머스크의 스페이스X는 2019년 9월 화성에 가는 것을 목표로 유인 우
주선 '스타십Starship' 시제품을 공개했다.

그러나 우주 식민지는 아직은 꿈같은 얘기다. 화성은 지구와 가장
근접했을 때도 거리가 5,470만 킬로미터에 이른다. 우리가 걱정할 것
은 우주가 아니라 지구다.

1995년 태양계 밖 외계 행성을 처음 발견해 2019년 노벨 물리학상
을 수상한 스위스 천체 물리학자 미셸 마요르Michel Mayor는 AFP와의
인터뷰에서 "인류가 외계 행성으로 이주할 수도 있는가"라는 질문에
"아주 힘들다는 점을 분명히 말하겠다"고 답했다.

"외계 행성은 너무 멀다. 하지만 이 행성은 아주 아름답고, 아직은 살 만하다. 우리 행성부터 보존하라."

노과학자의 조언이다.[5]

마치며

미국이 세계의 거센 비판과 반대 속에서도 이라크를 침공한 지 어느새 20년이 돼간다. 폭격기가 하늘을 날고, 쫓겨난 독재자가 붙잡혀 처형당하고, 미군의 점령기를 거쳐 이라크에 새 정부가 들어섰다. 종파와 진영으로 나뉜 이들이 서로를 공격하고 테러를 저지르면서 너무 많은 사람이 목숨을 잃었다. 그사이에 7,000년 메소포타미아의 역사를 간직한 바그다드의 국립박물관은 약탈당했다. 미군이 들어가서 멋대로 유물을 꺼내 '기념품'으로 가져갔고, 켜켜이 쌓인 문명의 두께와 역사의 깊이를 아는 이라크 사람들마저도 유물 도둑질을 했다. 뒤이어 미국 언론을 타고 이라크 유물 몇 점이 인터넷 경매 사이트 이베이에 매물로 올라왔다는 소식이 전해졌다.

전쟁이라는 어마어마한 사건 속에서 숱한 목숨이 숨져가는데 유물 한 점의 '뉴스 가치'는 과연 얼마나 될까.

이스라엘이 전투기를 띄워 팔레스타인 땅을 폭격한다. 전쟁 범죄

261

가 얼추 잦아들고 나면 미국은 '로드맵' 등등 거창한 이름을 붙여 '중동 평화 구상'을 내놓는다. 무슨무슨 협정들이 잇달아 체결된다. 알아듣기도 어렵고 맥락을 이해하기도 힘든 일들이 벌어진다. 미국의 대통령이 바뀌면 다시 판이 뒤집어지거나 흔들린다. 미국이 대사관 위치만 바꿔도 어떤 지역 사람들은 역사를 잃고 터전을 잃고 때로는 생명을 잃는다. 그 '분쟁' 속에서 힘겹게 살아가는, 혹은 죽어가는 사람들의 자리는 어디일까. 그들의 이야기는 어디에 있을까.

저자들은 세계의 소식을 들여다보고 전달하는 일을 해왔다. 신문사와 통신사에서 오랫동안 일하면서 온갖 주제로 글을 썼고, 외국에 직접 취재를 다니기도 했다. 하지만 신문에 실리는 기사들은 그리 친절하지는 않다. 우리가 쓴 글도 마찬가지였다. 하고 싶은 이야기는 많지만 모든 걸 배경부터 일일이 설명할 수가 없으니 지금 당장 벌어진 일을 전달하는 데 집중했다. 그러는 과정에서 생략되는 것은 지나간 역사, 그리고 그 역사를 살아온, 지금도 살아가고 있는 '사람들'일 때가 많았다.

국제 뉴스를 접하다 보면 거리감을 느끼기 쉽다. 아무래도 남의 나라 이야기라는 이유가 클 것이다. 또 미국과 중국의 갈등, 유럽과 러시아의 대립, 아시아 패권 다툼 등등 너무 커다란 이야기들이 주로 오가는 탓도 있다. 그런 뉴스들을 보고 듣고 읽으면서 '나의 이야기'라고 생각하기는 쉽지 않다. 우리의 생활 감정과 동떨어져 있기 십상이니까.

게다가 국제 뉴스에서는 대개 대통령, 총리 같은 정치 지도자나 힘 있고 돈 많은 사람들의 발언과 행위를 다룬다. 하지만 권력을 쥔 사람들의 이야기만이 아니라 우리가 새겨들어야 할, 기억해야 할 목소리들이 있다. 평화, 여성, 인권, 소수민족과 원주민 문제, 환경 문제 등에서 중요한 목소리를 내온 이들 말이다. 세상은 사실 그런 사람들이 만들어간다.

우리 주변의 물건들, 뉴스에서 스쳐 지나가는 장소들, 나와 상관없어 보이는 사건들 속에 그런 역사가 있고 사람들이 있다. 지금 당장 미국의 조 바이든 대통령이 이스라엘과 아랍 국가들 간에 체결된 '아브라함협정'에 대해 하는 말들보다 더 중요한 것은 어쩌면 내 주변에 알게 모르게 스며든 세계의 단면들일지도 모른다. 그 단면들이 쌓이고 겹쳐 지금의 우리를 만들고 있으니까.

이 책은 바로 그런 단면들을 들여다보자는 생각에서 시작했다. 휴대전화와 랩톱 컴퓨터, 무선 이어폰의 배터리를 충전하는 것은 너나 없이 모두의 일상이 됐다. 배터리의 기원을 찾다 보면 문명의 발상지라 불리는 고대 메소포타미아까지 거슬러 올라간다. 그런데 바그다드의 박물관에서 사라진 고대의 배터리는 대체 지금 어디에 있을까. 유물 한 점의 '뉴스 가치'는 언론에서 무시당하기 쉽지만 배터리와 바그다드를 잇는 연결 고리들을 따라가다 보면 자연스레 고대의 문명과 대비되는 현대의 야만을 만나게 된다. 이스라엘과 우크라이나에서 민간인을 공격하는 데 쓰인 금지된 무기 백린탄의 잔혹성을 생각하면서 동화 속 성냥팔이 소녀와 어린 여공들의 파업을 만나게 되는 것처럼.

유럽에서 자전거가 대중화되자 콩고 사람들의 손이 잘려나갔다. 벨기에 국왕 레오폴트 2세의 식민지 착취와 토착민에 저지른 만행을 다룬 문서나 책은 많다. 그 가혹한 수탈의 역사에 대해 유럽에서도 반성하는 목소리가 적지 않았지만 그 모든 것이 그저 지나간 과거로 치부되곤 했다. 그런데 미국에서 한 흑인 남성이 경찰의 가혹 행위로 목숨을 잃었다. 그런 사건도 한두 번이 아니었지만 2020년 일어난 조지 플로이드 사망 사건의 여파는 컸다. 흑인 노예를 거래한 노예무역과 식민주의, 인종주의 전체가 다시 도마에 올랐다. 플로이드의 죽음이 벨기에에서 레오폴트 2세의 동상을 끌어내리는 격렬한 항의 시위로 이어졌으며, 아프리카 국가들이 공개적으로 과거의 노예제와 인종주의에 대한 비판 성명을 내기에 이르렀다. 그렇게 과거는 현재와 만나 '진행형'이 됐다.

책의 앞머리에서는 그렇게 과거와 현재를 이어주는 물건들의 역사를 되짚어봤다. 이런 글을 쓰면서 얻은 소중한 경험 중 하나는, '남성 지도자'에게만 비추던 조명 뒤로 그늘에 가린 여성들을 만날 수 있었다는 것이다.

수영복 종류로 더 유명한 비키니, 태평양 산호초에서 솟아오른 버섯구름. 방사능에 노출된 것 못잖게 그 섬사람들을 괴롭힌 것은 미군에 의한 강제 이주였다. 이웃한 무루로아 환초에서는 프랑스가 비슷한 짓을 했다. 냉전 시절 핵무기는 세계를 얼어붙게 만든 공포의 근원이었다. 그 위협 속에서 인류는 실존을 고민했다지만 당장 집을 잃고 이 섬 저 섬 옮겨다녀야 했던 최대 피해자들의 운명에는 그리 큰 관심을 기울이지 않았다. 그러나 핵무기와 소수민족, 군사기지와 토착민과 환경 문제는 지금도 세계 곳곳에서 끊임 없이 이슈가 되고 있다. 북유럽 부자 나라 덴마크의 자치 지역인 그린란드의 사례에서 보듯 자원과 개발이라는 경제적인 이슈들과 연결돼 있기도 하다.

한껏 무게를 잡고 설명했지만 이 책에 실린 내용들은 여전히 그 속에 등장하는 사람들의 삶의 무게에 비하면 가볍기 짝이 없다. 저자들은 역사학자가 아니고 뉴스를 전달하는 사람들이기에 학술적이라기보다는 현재의 사건들과 연결지어 해설하는 것에 초점을 맞췄고, 따라서 글의 깊이도 야트막하다. 그럼에도 우리가 먹고 마시고 쓰는 것들, 뉴스에서 한 번 듣고 스쳐 지나가는 장소들, 흥미로운 화제 정도로 생각했던 사건 속에 숨겨진 의미와 역사를 되짚어보는 이 글이 독자들에게 다가갈 수 있다면 다행스러운 일일 것이다. 호기심을 충족시키는 것이 아니라 호기심을 불러일으키는 것이 우리의 목적이니 말이다.

부족한 글을 책으로 엮어준 도서출판 학고재와, 꼼꼼하게 원고를 읽고 다듬고 도판을 찾아준 구태은 편집자에게 감사를 드린다.

2022년 8월

오애리, 구정은

주

I   미처 몰랐던 물건들의 이야기

1   2,000년 전 바그다드에 배터리가 있었다고?

1   Green Technology Media, 'Is the Babylon Battery the World's First Electrochemical
    Battery?'(2016.11.23)

2   https://www.sciencedirect.com/topics/agricultural-and-biological-sciences/largus

3   Guardian, 'Ancient Electricity'(2004.4.22)

4   Conversation, 'Fifteen years after looting, thousands of artefacts are still missing from
    Iraq's national museum'(2018.4.10)

5   https://www.nobelprize.org/prizes/chemistry

6   연합뉴스, '호주 남부에 세계 최대 배터리 만들어진다'(2021.2.5)

2   못, 인류 문명의 가장 작은 부품

1   http://dighist.fas.harvard.edu/courses/2017/hist1039/items/show/9

2   Journal of Near Eastern Studies, 'A New Clay-Nail of Hammurabi'(1948.10),
    https://www.journals.uchicago.edu/doi/abs/10.1086/370890?journalCode=jnes

3   Express, 'Was surgery performed on Egyptians? Prosthetic pin in 3000-year-old
    mummy discovered'(2015.7.9)

4   『구약』「역대상」22장 2~4절

5   『한국민족문화대백과사전』, '못', http://encykorea.aks.ac.kr/Contents/Item/
    E0018768

3   인도에서 영국으로 간 샴푸의 여정

1   http://www.word-detective.com/2010/06/shampoo

2   "The Indian Medicated Vapour Bath(type of Turkish bath), a cure to many diseases
    and giving full relief when every thing fails; particularly Rheumatic and paralytic,
    gout, stiff joints, old sprains, lame legs, aches and pains in the joints"

3   Times of India, 'Google Doodle honours Sake Dean Mahomed'(2019.1.15)

4 Brighton&Hove Independent, 'Blue plaue in Brighton recognises Indian Sake Dean Mahomed'(2020.1.6)

5 https://www.schwarzkopf.com

6 Mexico News Daily, 'Large amounts of possibly toxic foam in Puebla irrigation canal'(2019.7.26)

4 성냥, 불씨에 깃든 가혹한 역사

1 한겨레신문, '국내 최초 성냥 공장 터에 성냥마을박물관'(2019.3.17)

2 National Geographic, 'Ötzi Iceman: What we know 30 years after his dicovery'(2016.9.16)

3 Royal College of Surgeons of England, 'Phossy jaw and the matchgirls: a nineteenth-century industrial disease'(2018.9.28)

4 정식 명칭은 '성냥제조에 있어 백린(황린) 사용 금지에 관한 국제협약 International Convention respecting the Prohibition of the Use of White(Yellow) Phosphorus in the Manufacture of Matches'이다.

5 정식 명칭은 '화학무기의 개발 생산 비축 사용금지 및 폐기에 관한 협약 Convention on the Prohibition of the Development Production Stockpiling and the Use of Chemical Weapons and on Their Destruction'이다.

6 HRW, 'Rain of Fire: Israel's Unlawful Use of White Phosphorus in Gaza'(2009.3.25)

7 Guardian, 'Investigation inte alleged use of white phosphorus in Syria'(2019.10.18)

5 콜롬부스를 놀라게 한 고무공

1 PANORAMA, 'The 3,500-year-old rubber ball that changed sports forever'(2016.2.4)

2 BBC, 'Belgian king expresses 'deepest regrets' for DR Congo colonia abuses'(2020.6.30)

3 Space.com, 'Space Shuttle Challenger Disaster FAQ: What Ent Wrong'(2011.1.26)

6 여성의 몸에 자유를 더해준 생리대

1 CultureNL Museums, 'Secret Health: The Hushed History of Women's Extra Expense', https://www.culturenlmuseums.co.uk/

2 BLACKPAST, 'MARY KENNER', https://www.blackpast.org/african-american-history/mary-kenner-1912-2006/

3 유네스코, 'GOOD POLICY AND PRACTICE IN HEALTH EDUCATION', https://unesdoc.unesco.org/ark:/48223/pf0000226792

4   BBC, 'The Indian sanitary pad revolutionary'(2014.3.4)

5   미 하원, 'MENG INTRODUCES BOLD PLAN TO IMPROVE ACCESS TO MENSTRUAL PRODUCTS'(2021.5.28)

6   Independent, 'International Women's Day: More than 137,700 girls in UK missed school last year because they can't afford sanitary products'(2018.3.7)

7   임신은 어떻게 '선택'이 되었나

1   https://srh.bmj.com/content/familyplanning/37/1/54.full.pdf

2   https://www.historyofinformation.com/detail.php?id=1353

3   『구약』「창세기」 38장 1~10절

4   GLOWM, 'History of Contraception', Malcom Potts&Martha Campbell(2009.5), https://www.glowm.com/section-view/heading/history-of-contraception/item/375#.YVPygrgzaUk

5   NCBI, 'The Story of Condom', Fahd Khan 외 3인(2013.1~3), https://www.ncbi.nlm.nih.gov/pmc/articles/PMC3649591

6   Medicinenet, 'The History of Birth Control', Daniel DeNoon(2005.1.30), https://www.medicinenet.com/script/main/art.asp?articlekey=51170

7   https://www.globenewswire.com/news-release/2022/01/20/2370275/0/en/Global-Demand-for-Condom-Market-Size-Will-Grow-at-a-7-1-CAGR-to-Hit-USD-9-600-4-Million-Mark-by-2026-Says-Facts-Factors.html

8   바코드, 줄무늬에 정보를 담다

1   https://www.youtube.com/watch?v=kcZIXGAxSuw

2   Independent, 'Obituaries/ N Joseph Woodland:Inventor of the Barcode'(2013.1.3)

3   https://www.relegen.com/blog/bullseye-barcode-history

4   Washington Post, "George Laurer, an inventor of the modern bar code, dies at 94"'(2019.12.10)

5   https://www.qrcode.com/ko

6   YTN, '큐싱 사기로 천만 원 인출… 경찰 수사 착수'(2015.6.30)

7   보안뉴스, '스미싱 문자탐지 건수, 최근 3년간 290% 폭증했다'(2021.10.11)

Ⅱ 그곳에선 무슨 일이 일어났을까

9 산호초에 버섯구름이 솟았다

1 https://www.facebook.com/PeaceMovementAotearoa/

2 https://moruroa-files.org/

3 마이클 돕스, 『1962』, 박수민 옮김, 모던아카이브, 2019. 314쪽

4 Le Parisien, 'Quand les appelés du contingent servaient de cobayes'(2010.2.16)

5 France Télévisions, 'Essais nucléaires en Polynésie française: pourquoi des manifestants réclament que l'Etat reconnaisse sa "faute"'(2021.7.24)

6 BBC, 'French nuclear tests contaminated 110,000 in Pacific, says study'(2021.3.9)

10 수에즈운하가 막히면?

1 DW, 'Suez Canal blockage: 4 of the biggest trade chokepoints'(2021.3.27)

2 코트라 해외시장뉴스, '유럽으로 가는 지름길, 북극항로'(2013.2.27)

3 Arab News, 아랍뉴스, 'Egypt says commercial routes that threaten Suez Canal will not affect revenues'(2021.3.29)

4 Insider, 'The US had a plan in the 1960s to blast an alternative Suez Canal through Israel using 520 nuclear bombs'(2021.3.25)

5 BBC, 'Nicaragua canal plan not a joke: Chinese businessman'(2013.6.26)

12 예루살렘은 누구의 땅인가

1 CNBC, 'Jared Kushner hails the new US embassy in Jerusalem as hopes stall for an Israeli-Palestinian peace deal'(2018.5.14)

2 Times of Israel, '"In the end, they're going to want it": Full text of Trump, Netanyahu on US plan'(2020.1.28)

3 Al Jazeera, '"Slap of the centry": Palestinians slam Trup Middle East plan'(2020.1.28)

13 지브롤터, 영국과 스페인의 '300년 싸움'

1 BBC, 'Spanish ambassador summoned over Gibraltar'incursion''(2014.4.2)

2 Guardian, 'Foreign Office defends navy for ordering Spanish warship out of Gibraltar waters'(2017.4.4)

3 Financial Times, 'Spain sets Brexit challenge with Gibraltar demands'(2018.2.25)

4   Guardian, 'Spain and UK reach draft deal on post-Brexit status of Gibraltar' (2020.12.31)

5   Guardian, 'General Franco gave list of Spanish Jews to Nazis'(2010.6.20)

6   Independent, 'EU referendum: Gibraltar backs Remain in first result of the night'' (2016.6.23)

14 이란과 미국, 길고 긴 앙숙의 역사

1   Guardian, 'CIA admits role in 1953 Iranian Coup'(2013.8.19)

2   New York Times, 'Secrets of History: The CIA in Iran-A special report: How a plot convulsed Iran in '53(and in '79)(2000.4.16)

3   Aljazeera, ''Never again': Zarif calls US group coup attempt bound to fail' (2018.8.19)

Ⅲ   알고 보면 더 흥미진진한 세계

17 박물관이 털렸다

1   Smithsonian Magazine, 'What to know about the Gardner Museun heist'(2021.4.9)

2   NPR, 'Deadline Approaches for 10 Million Reward on Lead to Gardner Paintings' (2017.12.29)

3   BBC, 'Dresden Green Vault robbery: Priceless diaminds stolen'(2019.11.25)

4   Guardian, 'Van Gogh paintings stolen from Dutxh museum'(2020.3.30)

5   France24, 'Van Gogh painting 'still missing' after Cairo museum theft'(2010.8.22)

6   Artsy, 'How Two Stolen Van Gogh Paintings Made It Home after a 14-Year Saga' (2017.3.21)

7   New York Times, 'Stolen Munch Paintings Recovered'(2016.9.1)

8   UPI, 'Rembrant painting stolen for fourth time'(1983.5.28)

9   USA Today, 'Romanian mom likely burned stolen artwork, experts say'(2013.8.8)

10 DW, 'Buried 'Picasso' painting revealed as hoax'(2018.11.19)

18 태초에 가짜뉴스가 있었다

1   https://allthingsliberty.com/2014/11/propaganda-warfare-benjamin-franklin-

fakes-a-newspaper

2   National Archives Founders Online, 'Supplement to the Boston Independent Chronicle", [before 22 April 1782]', https://founders.archives.gov/documents/Franklin/01-37-02-0132

3   Journal of the American Revolution, 'Propaganda Warfare: Benjamin Franklin Fakes a Newspaper'(2014.11.10)

4   Little Village, 'A true history of fake news: The many identities of Benjamin Franklin'(2018.6.20)

5   Smithsonian Magazine, 'The Age Old Problem of Fake News'(2018.5.7)

6   WSJ, 'America's First 'Rigged' Presidential Election'(2016.10.28)

7   Smithsonian Magazine, 'Rachel Jackson,the Scandalous Divorcee Who Almost Became First Lady'(2017.6.15)

8   BBC, ''Post-truth' declared word of the year by Oxford Dictionaries'(2016.11.16)

9   Politico Magazine, 'The Long and Brutal History of Fake News'(2016.12.18)

10 History of Yesterday, 'The Fake News Campaign in Ancient Rome Theat led to the First Emperor and the Deaths of Anthony and Cleopatra'(2021.5.28)

11 https://www.pbs.org/crucible/bio_hearst.html

12 PBS.org, 'February 16 1898:battleship USS Maine Explodes'

13 Smithsonian Magazine, 'Remember The Maine'(1998.2)

19   브라질은 왜 커피 대국이 됐을까

1   국제커피기구, 'World coffee production'

2   REUTERS, 'Picked by slaves: coffee crisis brews in Brazil'(2019.12.12)

3   국제커피기구, 'ICO - World coffee production', https://www.ico.org/prices/po-production.pdf

4   https://www.worldstopexports.com/coffee-exports-country/

5   https://www.freshcup.com/yunnan-coffee/

6   China Daily, "China's coffee consumption upgrading speeds up industrial layout' (2020.4.15)

7   https://financesonline.com/number-of-starbucks-worldwide/

8   https://worldpopulationreview.com/country-rankings/coffee-consumption-by-country

9   농림축산식품부, 한국농수산식품유통공사 '가공식품 세분시장 현황-커피류 시장' (2019.12.31)

10   knoema, 'Number of Starbucks Stores Globally, 1992~2021'(2021.4.16)

11   커피 바로미터, 'Coffee Barometer 2020'

20   한 잔에 140리터, '물 먹는 커피'

1   Vietnam Investment Review, 'Opening of NESCAFÉ WASI Coffee Farm Experience Center in Central Highlands'(2020.11.20)

2   폴 로버츠, 『식량의 종말』, 김선영 옮김, 민음사, 246~249쪽

3   국제커피기구(International Coffee Organization), "Survey on the impact of low coffee prices on exporting countries" 보고서(2019.3)

4   대런 애쓰모글루·제임스 로빈슨, 『좁은 회랑』, 장경덕 옮김, 시공사, 487~489쪽.

5   The Conversation, 'The dark side of coffee: an unequal social and environmental exchange'(2015.8.31)

6   European Investment Bank, 'On Water', https://www.eib.org/en/publications/eib-big-ideas-on-water

7   University College London, 'Analysis: here's the carbon cost of your daily coffee - and how to make it climate-friendly'(2021.1.4)

22   올림픽 선수들의 망명

1   REUTERS, 'Belarusian sprinter reaches Poland after defying order home'(2021.8.6)

2   FORBES, 'Belarusian Sprinter Joins Long List Of Olympic Defectors: Here's How Athletes Have Sought Asylum At The Games'(2021.8.4)

3   The Conversation, 'A brief history of asylum seekers at the Olympics: and why they are sometimes misunderstood'(2021.8.5)

4   Irish Central, 'The Irish Olympian, forced to compete for Britain, who smuggled in an Irish flag'(2021.7.22)

5   CNN, 'Raven Saunders' X podium protest: What it means and why the IOC is investigating'(2021.8.3)

6   AP, 'Germany Gymnastics Team Tired of Sexualization, Wears Unitards'(2021.7.26)

7   Financial Times, 'Olympics chief warns against 'divisive' athlete protests in Tokyo'(2021.7.16)

8   Ali Center, 'OPEN LETTER TO IOC&IPC LEADERSHIP: ANNOUNCEMENT', https://alicenter.org/programs-athletes-social-change-rule-50-expert-letter/

24 우주로 간 억만장자들
1   AP, 'Jeff Bezos blasts into space on own rocket: 'Best day ever!''(2021.7.21)
2   New York Times, 'Millionaire Hopes to Be First Tourist In Space'(2020.6.20)
3   미 상원 상업·우주·수송위원회, 'Hearings-Space Commercialization', https://www.commerce.senate.gov/2003/7/space-commercialization
4   Blue Origin, 'ABOUT BLUE ORIGIN', https://www.blueorigin.com/our-mission
5   AFP, 'Humans Will Not 'Migrate' to Other Planets, Nobel Winner Says'(2019.10.10)

사진 출처

성냥과 버섯구름

우리가 몰랐던 일상의 세계사

1판 1쇄 발행 2022년 8월 8일
1판 4쇄 발행 2024년 8월 5일

지은이 오애리·구정은
펴낸이 박해진
펴낸곳 도서출판 학고재

등록 2013년 6월 18일 제2023-000037호
주소 서울시 영등포구 경인로 775, 에이스하이테크시티 2동 804호
전화 02-745-1722(편집) 070-7404-2791(마케팅)
팩스 02-3210-2775
전자우편 hakgojae@gmail.com
페이스북 www.facebook.com/hakgojae

ISBN 978-89-5625-000-7 03900